El Acantilado, 346
LOS SENDEROS DEL MAR

MARÍA BELMONTE

LOS SENDEROS DEL MAR

UN VIAJE A PIE

BARCELONA 2017 ACANTILADO

Publicado por
ACANTILADO
Quaderns Crema, S. A.

Muntaner, 462 - 08006 Barcelona
Tel. 934 144 906 - Fax. 934 636 956
correo@acantilado.es
www.acantilado.es

En la cubierta, vista de la costa de Zumaya, con la punta de Algorri al fondo,
fotografía de Francisco Javier Beltrán de Heredia

ISBN: 978-84-16748-47-1
DEPÓSITO LEGAL: B. 9800-2017

AIGUADEVIDRE *Gráfica*
QUADERNS CREMA *Composición*
ROMANYÀ-VALLS *Impresión y encuadernación*

QUINTA REIMPRESIÓN *abril de 2023*
PRIMERA EDICIÓN *mayo de 2017*

CONTENIDO

Para Inés y Jokin, con amor.

Para Nines, Mauri y Miquel—«el Equipo Kane»—, por toda una vida de caminatas y aventuras.

Y para Macar, amiga generosa y amante de la orilla del mar.

INTRODUCCIÓN. LA COSTA VASCA, UN CONTINENTE POR DESCUBRIR

> El paisaje estaba aquí mucho antes de que nosotros ni siquiera lo soñáramos. Y presenció nuestra llegada.
>
> ROBERT MACFARLANE,
> *Naturaleza virgen*

Uno de los recuerdos más persistentes que guardo en la memoria es un olor. Lo percibí uno de los veranos que pasé en la costa vasco-francesa durante mi adolescencia. Si cierro los ojos puedo evocar el momento: fue en una sombreada calle de Biarritz; había humedad en el aire y soplaba una brisa fresca. Nada extraordinario. Pero si intento describir el olor, las palabras no acuden. Los aromas de los perfumes y del vino se suelen expresar mediante «notas» y «matices». El primer calificativo que puedo poner a aquel olor es *intenso*, y si me esfuerzo un poco más añadiré *fresco* o, incluso, *salobre*. Y, sin embargo, nada de ello da cuenta de lo que siento cuando cierro los ojos y lo convoco en mi mente. Es curioso que un olor se pueda «pensar» y «sentir», pero no poner en palabras. Los olores están ahí simplemente para ser olidos, y éste ha permanecido conmigo durante todos estos años. Intacto. La persistencia se fue transformando en llamada y ésta en deseo de volver a recorrer las calles de Biarritz, como si allí me estuviera aguardando algún secreto mensaje. Pero yo sabía que la experiencia nunca se repetiría. La persona que iba a recorrer aquellas calles había cambiado y quizá aquel olor fugazmente percibido no fuera más que la emanación sutilísima de las expectativas que componen esa etapa inaugural, antesala de la vida adulta, que es la adolescencia.

Mientras planeaba mi visita a Biarritz, un amigo me regaló un libro de Rachel Carson titulado *The Edge of the Sea* ('La orilla del mar'). Conocida sobre todo como ambientalista por la enorme repercusión de su obra *Primavera silenciosa*, en la que denunciaba el declive de la vida en los bosques de Estados Unidos por el uso del DDT, lo que de verdad fascinaba a Carson era el océano y la vida que en él bullía. El escritor británico Robert Macfarlane y su pasión por los viejos caminos y la historia del paisaje fueron otro acicate para ponerme en marcha, además de una fuente de deleite e inspiración. El viaje sentimental a los paisajes de mi adolescencia mutó en un recorrido a pie por los viejos caminos de toda la costa vasca. Ello me permitió descubrir la belleza y el misterio del «mundo de la marea baja», como lo denomina Rachel Carson, y tener un encuentro íntimo y calmado con el océano.

Debo añadir que adoro viajar a pie. Prefiero recorrer andando algunos kilómetros de un país que verlo entero desde un automóvil u otro medio de transporte. En la Antigüedad los viajeros caminaban. La gente estaba habituada a medir los lugares y escalas espaciales con respecto a sus cuerpos y capacidades. De ahí la «milla», una medida romana de mil pasos. Caminando experimentamos el mundo en nuestros cuerpos, con todos los sentidos. Al andar aprehendemos el paisaje y permitimos que éste se apodere de nosotros. El escritor Bruce Chatwin, formidable caminante y obsesionado por la forma de vida nómada, estaba convencido de que el cuerpo humano está diseñado para recorrer a pie cierta distancia cada día y de que todos los males de nuestra civilización provienen de habernos hecho sedentarios. Ponerse una mochila a la espalda y calzarse unas botas para lanzarse al camino supone también un humilde acto de subversión, una manera de dar la espalda a una cultura que prima en exceso el beneficio inmediato, la eficiencia y la rapidez, y rehúye las supuestas incomodidades de la vida al aire libre. Explorar a pie los viejos caminos es abrir la puerta a lo imprevisto, al descubrimiento, a los encuentros inesperados con personas, animales, árboles, ríos, montañas, aves y nubes. Thoreau salía de viaje para visitar árboles que le agradaban y la escritora y montañera escocesa Nan Shepherd iba a la montaña no para conquistarla, sino como quien va a visitar a un amigo. Al recorrer tranquilamente a pie la costa vasca, deteniéndome donde me apetecía, he tenido encuentros inesperados, pero también he aprendido a percibir los variados tonos que puede adquirir el océano, sus estados de ánimo e incluso eso que tanto atraía al poeta Shelley, su latido.

Afortunadamente para los que amamos caminar, desde los años sesenta del siglo pasado se han habilitado y recuperado en Europa miles de redes de senderos por los que se puede transitar tranquilamente y llegar al anochecer a un lugar en el que guarecerse y reponer fuerzas. Es entonces cuando sobreviene la «alegría del viajero», término que empleó el escritor Patrick Leigh Fermor para describir esos momentos en los que, cansado, el caminante aguarda una bien merecida cerveza mientras toma las notas de la jornada al amor de un buen fuego. Otros momentos de felicidad diferentes sobrevienen durante la marcha prolongada, cuando respiración, músculos y mente se acompasan y funcionan al unísono. El caminante avanza alerta y tranquilo, sus sentidos se agudizan y el silencio se percibe como un elemento más del paisaje, apenas roto por el ruido de los pasos y el suave golpeteo de los bastones. Es en esos momentos cuando se siente realmente vivo.

Cuando uno se dispone a explorar los viejos caminos le salen al paso los fantasmas y las voces del pasado; voces que te cuentan historias y relatos que allí sucedieron y han quedado suspendidos en el aire y a los que el nuevo viajero, sin siquiera proponérselo, añade con sus pasos otras líneas argumentales, pasando, él también, a formar parte de su historia. Cuando llevas un tiempo andando, te fundes con el camino: ya no vas sobre él, sino dentro de él, y junto a los antepasados que lo recorrieron antes que tú. En la costa vasca los caminos me hablaban de balleneros y pescadores, de recolectores de algas, de peregrinos y piratas, y del espíritu aventurero de los vascos, de huidas apresuradas por mar y de rivalidades entre pueblos vecinos. También de fiestas y romances, de bailes y romerías, de deidades que protegían a quienes se aventuraban en el océano. De músicos, mercaderes y, ocasionalmente, de ejércitos. De amor y odio. Pero la orilla del mar también guarda otro tipo de historias fascinantes: las que hablan de las plantas y animales que en ella habitan. Y hay una historia omnipresente y antiquísima: la que se ha ido tejiendo por el incesante diálogo que mantienen la roca y el agua desde el inicio de los tiempos.

A menos que se sienta la tentación de detenerse en alguno de sus encantadores rincones o desviarse hacia un recóndito valle del interior, la costa vasca se puede recorrer a pie en menos de quince días. Para organizar las etapas utilicé la guía de Ander Izagirre, *Trekking de la Costa Vasca*, que me resultó muy útil y me sirvió para no perderme demasiado. Y, como sucede casi con cualquier paisaje, si se presta la debida atención y se aprende a «ver», la costa vasca puede revelársenos como un prodigioso continente, poblado de fenómenos y habitantes en los que antes no habíamos reparado. De eso trata este libro, de la relación entre el paisaje, las gentes y los seres que lo habitan y frecuentan. Y trata, sobre todo, de los sutiles cambios que el paisaje puede operar en nosotros a nada que nos esforcemos por comprenderlo y fundirnos con él. Quizá fuera éste el mensaje que las calles de Biarritz me tenían reservado.

I

UN UNIVERSO DE ROCA Y AGUA

> No sólo hay agua en el mundo, hay también un mundo en el agua. Esto no sucede sólo en el agua. Hay un mundo de seres vivientes en las nubes, en el aire, en el fuego [...] Hay un mundo de seres vivientes en una brizna de hierba.
>
> EIHEI DŌGEN,
> «El Sutra de las montañas y los ríos»

POR LA COSTA VASCO-FRANCESA: DE BAYONA A HENDAYA

El autobús me dejó en la playa de la Barra de Bayona poco después de las ocho de la mañana de un día de finales de abril. Densos nubarrones se cernían en el horizonte amenazando lluvia. Olfateé el aire cargado de humedad y salitre mientras sentía una conocida sensación de agitación en la boca del estómago ante la perspectiva de una caminata. Antes de empezar a andar, saludé al majestuoso río Adour que desemboca en el océano después de recorrer más de trescientos kilómetros desde su nacimiento en el puerto de montaña de Tourmalet. No siempre fue así. Hasta 1562 sus aguas se vertían en el mar en Cap Breton, a unos treinta kilómetros al norte, pero en ese año la ciudad de Bayona obtuvo del rey Carlos IX de Francia permiso para desviar el curso del río y tener así acceso directo al océano. De ahí el nombre de la Barra, acumulación de arenas en su estuario que hacen delicado el acceso al puerto de Bayona y exigen un dragado regular. Al otro lado del Adour, hacia el norte, se extienden los doscientos kilómetros de arenales y dunas de Las Landas, en realidad, derrubios de los Pirineos, acumulaciones de detritos de rocas fragmentadas y pulverizadas durante millones de años.

¡Qué hermoso es todo esto!, pensé mientras avanzaba por un sendero entre dunas que en apenas cuatro kilómetros me llevaría hasta Biarritz. El agua se hacía sentir por todas partes: en el río que fluía hacia el mar, en el inmenso océano y, en el cielo, que, en forma de lluvia, comenzaba a caer pertinazmente. Agua, agua, agua. La sensación acuática era profundamente estimulante. A la altura de la playa de Les Cavaliers apareció la primera figura humana en el paisaje. Un surfista con su traje de neopreno avanzaba decididamente hacia el mar, tabla en mano (véase imagen 2). En la línea del horizonte el cielo se había vuelto color tinta, mientras la enorme extensión de agua iba adquiriendo sombríos tonos verde-grisáceos y una sospechosa calma que contrastaba con la blancura de las olas rompiendo en la orilla y el color oro viejo de la arena. El surfista se detuvo a pocos metros de la orilla y permaneció inmóvil durante unos minutos, como sopesando la situación. Entonces me di cuenta de que, sin quererlo, había reinterpretado el hermoso cuadro de Friedrich, *Monje contemplando el mar*, en el que, como en casi todas las obras del pintor romántico alemán, un ser humano de espaldas se encuentra absorto en la contemplación de una naturaleza que le desborda. Saqué la cámara e inmortalicé aquel delicado momento. El viaje no podría haber comenzado mejor.

BAYONA

La noche y los días anteriores los había pasado en Bayona. En las afueras de esa ciudad se encontraba el colegio en el que pasé los veranos de los once a los quince años. Una adolescencia difícil (¿hay alguna que no lo sea?) me llevó allí desde Bilbao. Aunque no muy distantes geográficamente, la separación entre aquellos dos mundos se me revelaría sideral. Una pubertad prematura, unida a una sensación de soledad e incomunicación con quienes me rodeaban, hizo que me volviera muda. Sencillamente opté por dejar de hablar. Mis padres, desesperados, estaban dispuestos a ponerme en manos de un psiquiatra. Una profesora más sensata y comprensiva pensó que quizá unos meses de separación de mi ambiente habitual y de la familia suavizarían las cosas. Los cuentos de hadas de todos los tiempos señalan la menarquia o aparición de la regla como el momento en que la doncella es encerrada en una torre o en una casa encantada u obligada a vagar por el desierto. A mí simplemente me mandaron a la costa vasco-francesa. Y funcionó.

La visión de Bayona después de tanto tiempo me dejó fascinada. Durante aquellos años la ciudad se limitaba en mi horizonte a ser el lugar en el que había una gran tienda Levi's y la terraza del Café del Teatro, donde se reunían los jóvenes y sus mobylettes, terreno todavía vedado para mí y mis compañeras de colegio. Mi recuerdo también estaba unido a la lluvia, porque era en los días lluviosos, en los que no se podía ir a la piscina o a la playa, cuando nos permitían acudir en grupo a la ciudad a perdernos por sus callejuelas. Mi recorrido terminaba indefectiblemente frente al escaparate de una tienda de animales en la que se exhibían cachorros. En aquellos tiempos la posesión de un cocker spaniel rubio se me antojaba la más preciada de la tierra. Un día presencié, desde fuera, la venta de un cachorro de cocker. *Él* se lo regaló a *ella*, que lo acogió amorosamente en sus brazos. El feliz trío salió de la tienda y se introdujo en un coche mientras la pareja charlaba animadamente. Los vi alejarse con envidia, preguntándome si alguna vez yo conocería esa clase de felicidad. Con el tiempo, mis lealtades caninas se volvieron hacia el scottish terrier, y su graciosa silueta se ha convertido en parte de mi paisaje vital.

En Bayona el agua se hace sentir por todas partes. Dos majestuosos ríos, el Nive y el Adour, atraviesan la ciudad y la dividen en tres barrios unidos por bellos puentes; hasta el siglo XVII la propia ciudad estuvo cubierta de canales que servían de vías de navegación y comercio. En su origen fue *Lapurdum*, un castro romano, y en el siglo IV la plaza fortificada de *Novempopulania*. Bayona es una ciudad mestiza. Los rótulos callejeros están escritos en tres idiomas: francés, euskera y gascón, lengua que nació de la mezcla del vasco y el latín. La hermosa catedral gótica de Santa María convive con una mezquita, un templo protestante y una de las sinagogas más importantes de Europa. En el siglo XVI Bayona acogió una importante colonia de judíos sefardíes portugueses que huían de la Inquisición. Se instalaron en el barrio de Saint Esprit y allí desarrollaron el arte que habían traído con ellos: el de hacer chocolate, y por ello la ciudad se enorgullece de ser el lugar desde donde, en 1615, se dio a conocer esta delicia en Francia con ocasión del matrimonio de la infanta española María Teresa de Austria con el rey Luis XIV. La divisa de Bayona «*Nunquam polluta*» ('nunca profanada') hace referencia a sus magníficas defensas, que le permitieron resistir nada menos que catorce asedios a lo largo de la historia. No pudo afrontar, sin embargo, el ataque del ejército del general Wellington durante las guerras napoleónicas, y el 27 de abril de 1814 se rindió tras la abdicación del emperador. De 1940 a 1944 la ciudad estuvo ocupada por la *Wehrmacht* junto con el resto del país vasco-francés.

Para tomar el pulso a la Bayona del siglo XIX nada como leer *El viaje a los Pirineos* de Victor Hugo. En la época de las guerras napoleónicas, con siete u ocho años, Hugo pasó un mes de verano en Bayona mientras aguardaba un convoy que le llevaría, junto con su madre y sus dos hermanos, hasta Madrid, donde se reunirían con su padre, soldado de Napoleón. Todos sus recuerdos de aquel verano son luminosos. Las tardes junto al agua, bajo los árboles, viendo pasar los barcos, la alegre casa adosada a las murallas, los taludes de césped del foso donde jugaba incansablemente con sus hermanos y, sobre todo, la imagen de una chica de catorce años que vivía en la casa de al lado y que le leía libros por las tardes. Bayona quedó grabada en la mente de Victor Hugo como un lugar radiante, y a esta ciudad debía el más antiguo recuerdo de su corazón. Hugo volvió a Bayona más de treinta años después buscando la casa y preguntándose qué habría sido de la hermosa joven. No encontró nada, o al menos no reconoció nada, aunque esa zona de la ciudad permanece prácticamente intacta. El que había cambiado era él.

Lo primero que hice al dejar la mochila en el hotel fue visitar mi antiguo colegio en Saint-Amand. A diferencia de Victor Hugo, apenas encontré cambiado el lugar, salvo en que el edificio de las afables e indulgentes monjas franciscanas de Montpellier se había convertido en una bulliciosa escuela primaria. Allí sigue la misma iglesia, el mismo campo de recreo, la misma piscina. Rodeé el edificio para ver de cerca los enormes árboles que contemplaba desde la ventana de mi cuarto; subido en una bici y apoyado en uno de ellos descubrí una noche de luna llena a I. R., que miraba fijamente hacia mi habitación durante lo que me parecieron horas interminables. Supongo que hechos así constituyeron parte de la terapia que me devolvió la autoestima y la confianza en mí misma. I. R., como todos los amigos que hice allí, vivía en el barrio de Les Castors. El nombre 'los castores' corresponde a un interesante movimiento cooperativista que se puso en marcha en Francia para solucionar el problema de la vivienda tras la Segunda Guerra Mundial. Sus impulsores eran jóvenes con escasos recursos que aspiraban a una vivienda digna. Para abaratar los costes, el proyecto contemplaba la autoconstrucción, en la que todos los miembros colaboraban de una forma u otra, constituyendo un ejemplo de cómo la sociedad civil podía resolver por sí misma problemas tan acuciantes como el de la vivienda en la posguerra.

Dejé atrás el colegio y me adentré en el barrio de Les Castors por la avenida 7 de agosto de 1951 que recuerda la fecha en que comenzaron las obras. Las casas, unifamiliares, cada una con un cuidado y primoroso jardín, seguían tan bonitas como las recordaba. Lo que constituía un descubrimiento era la historia que había detrás y que los propios nombres de calles y plazas me iban contando: plaza de Gandhi, plaza del doctor Schweitzer, pasaje del Servicio Civil, calle de la Paz, calle de Saint-Exupéry... El sol brillaba mientras recorría esa pequeña ciudad utópica devenida realidad por los esforzados castores. A esa hora de la mañana apenas había gente en sus calles. Me pregunté qué habrá sido de F. G., el primer chico que «me gustó» y con el que recorrí, a lomos de su mobylette, los parajes más bonitos de la costa vasco-francesa.

Mientras regresaba al centro de la ciudad, las nubes se fueron amontonando en el horizonte amenazando lluvia.

En Bayona la amenaza se convirtió en realidad por lo que me guarecí en la catedral de Santa María, un hermoso edificio del siglo XII de piedra arenisca corroída por la brisa del mar y la lluvia. No encontré el pequeño vano con un dibujo compuesto de flores y hojas entrelazadas que le había encantado a Victor Hugo, pero sí pude admirar las vidrieras del siglo XVI con sus bellísimos detalles vegetales y minerales. El resto de la tarde lo dediqué a caminar sin rumbo por las estrechas callejuelas. Al pasar por el quai de la Galuperie recordé la curiosa historia de Joanes de Suhigaraychipi, conocido como «le Coursic», famoso corsario vasco del siglo XVII que vivió en el n.º 3 de esta calle, en una casa que existe todavía. Al mando de la fragata *Légère* y con patente de corso concedida por el rey Luis XIV, le Coursic atacaba las flotas española, holandesa e inglesa. Se dice que en seis años capturó más de cien buques mercantes, lo que le valió la concesión de varios títulos de nobleza por parte de la corona. Su socio era el gobernador de Bayona, que costeaba el cincuenta por ciento del armamento de su nave de veinticuatro cañones. Terminó su carrera y sus días en Terranova, protegiendo los barcos vascos y bretones cargados de bacalao de los ataques ingleses durante el regreso a Europa. En la lápida de le Coursic en Placentia (Terranova), se puede leer que este capitán de fragata persiguió, en nombre de su príncipe, a los enemigos hasta su misma guarida. Curiosa manera de describir la profesión de pirata.

No podía marcharme de Bayona sin probar su famoso chocolate. Ante la variada oferta de lugares apetitosos me decidí por la Chocolaterie Cazenave, pues me gustó la sonoridad de ese nombre gascón. Y también porque en su publicidad había leído que «me esperaba una cálida acogida en su salón de té, decorado con espejos y vidrieras del siglo XIX, donde podría degustar su famoso chocolate espumoso batido a mano en vajilla de Limoges decorada con rosas». Fue una delicia abandonar la humedad de las calles y sentarme a una mesita entre la numerosa clientela compuesta de familias con niños, señoras con el perrito en el regazo y animados grupos de amigas que merendaban alegremente. El servicio de Cazenave no me defraudó. Al poco de sentarme colocaron en mi mesa una bandeja de Limoges con una humeante taza de chocolate espumoso, una jarrita con más chocolate, un pequeño recipiente con nata, una jarra de agua y un vaso con una delicada servilleta blanca. El pecado se remataba con unas deliciosas tostadas de pan de brioche con mantequilla y mermelada. A mi lado, un hombre de mi edad merendaba con dos adolescentes. Sentí el impulso de consultar la guía telefónica y buscar el nombre de F. ¿Seguiría viviendo allí? ¿Sería ese hombre con el que me acababa de cruzar en la calle hacía un momento? Es curioso cómo permanecemos unidos a personas durante toda la vida sin siquiera echarlas de menos, personas que en algún momento fueron importantes y a las que ahora ni siquiera reconoceríamos. En la guía figuraba alguien con su nombre y su apellido. ¿Sería él? Apunté el número aunque sabía que nunca llamaría. De camino al hotel todos los fantasmas se disolvieron ante la perspectiva de la caminata que me aguardaba por la mañana.

BIARRITZ

Desde la playa de Les Cavaliers, donde había fotografiado al solitario surfista absorto en la contemplación del océano, seguí avanzando por el sendero del litoral que bordea las playas de la Madrague, Les Corsaires, Les Sables y la

Chambre d'Amour. Se había puesto a llover con ganas de modo que me enfundé en mi capa verde, y, cubierta de la cabeza a los pies, mochila incluida, fui caminando alegremente hacia el faro de Biarritz que ya se divisaba encaramado en la punta de San Martín. Mientras avanzaba, y por lo que pudiera pasar, traté de asumir el consejo del escritor británico George Meredith de que el intrépido caminante debe aceptar con gusto todos los cambios de tiempo y hacer de la lluvia, por muy intensa que sea, una vivaz compañera. Pese a que el viento y la lluvia seguían alternándose, el camino se empezó a llenar de gente que, impertérrita ante la volubilidad atmosférica, caminaba o corría: los jubilados, a juzgar por sus caras, se diría que por prescripción facultativa, y la gente joven, por puro placer. El mar, cada vez más oscuro, se fue poblando también de surfistas que aguardaban las olas tumbados o sentados sobre sus tablas; desde la lejanía, semejaban esos grupos de nutrias tan simpáticas que se pueden ver flotando de espaldas en las costas de California. En la Chambre d'Amour, antesala de Biarritz, donde se encuentra la famosa cueva en la que se dice murió una pareja de enamorados al ser sorprendida por la marea, terminan abruptamente los arenales que se suceden desde las Landas para dar paso a los contrafuertes rocosos de los Pirineos que se sumergen en el mar. A partir de Biarritz la costa vasca se transforma en una sucesión de escarpados acantilados y el caminante cobra conciencia de que a partir de ese momento las rocas y el agua serán sus compañeros inseparables.

En otoño de 1240 el maestro zen Eihei Dōgen escribió el extraordinario ensayo titulado *Sansuikyo* ('El Sutra de las montañas y los ríos')—recogido en el *Shōbōgenzō*—, en el que trata del papel fundamental del agua y las rocas como creadores del paisaje de la tierra. Para Dōgen, la díada de rocas y agua simboliza la plenitud, y su dialéctica—el flujo descendente del elemento líquido y el ascenso de las rocas—configura el dinamismo y «lento fluir» de las formas terrestres. Para la tradición asiática, *shan shui* ('agua y montañas'), es una forma de referirse a la totalidad de los procesos naturales. En su obra *Of Mountain Beauty* (De la belleza de las montañas) el escritor y crítico británico John Ruskin calificó a las montañas de «olas de piedra». Observando con atención el ciclo del agua, se puede apreciar su relación íntima con las rocas. Las aguas se precipitan desde las alturas, excavan o depositan masas de tierra en su flujo descendente y lastran con sedimentos las plataformas continentales, mar adentro, hasta que acaban por provocar nuevas elevaciones.

Subí la empinada cuesta que lleva desde La Chambre d'Amour al faro de Biarritz envuelta en el dulce olor de los setos de *pittosporum* que estaban siendo recortados por empleados municipales. En la punta de San Martín, donde se asienta el faro, tuve la primera visión de los acantilados, cabos, promontorios y ensenadas que constituyen la atormentada costa vasca. Son los antiguos lechos de un mar cálido y poco profundo que fueron surgiendo a la superficie durante millones de años, como lo atestigua la presencia de fósiles de animales marinos, algunos extinguidos para siempre: *Nummulites*, *Operculinas*, corales, amonites, rudistas, ostreídos, esponjas y un largo etcétera de sugerentes nombres. También saboreé largamente mi primera visión de Biarritz después de tantos años. Pese a algunos desmanes urbanísticos, el lugar, bajo un espectacular cielo de nubes espesas y claros por los que comenzaba a filtrarse el sol, me pareció arrebatador. En el mar, en medio del oleaje frente a los oscuros acantilados verticales, destacaban los surfistas convertidos en diminutos puntos negros. Desde el faro emprendí el camino hacia el centro de la ciudad y la Grande Plage por calles jalonadas de villas elegantes y establecimientos de nombre rimbombante: avenida de la emperatriz, calle del príncipe heredero, spa del emperador, club imperial…, todos ellos testimonios de los años dorados de Biarritz, cuando Eugenia de Montijo se enamoró del lugar y su esposo, Napoleón III, le construyó una casa de verano junto al mar, Villa Eugenia, transformada hoy en uno de los hoteles más suntuosos de Europa.

Victor Hugo adoraba Biarritz. Para él no existía un lugar más encantador y magnífico. El Biarritz que conoció era todavía un pequeño «pueblo blanco con tejados rojos y contraventanas verdes, edificado sobre colinas de hierba y brezales», encima de lo que hoy es el Puerto Viejo. Era la aldea de pescadores y balleneros que hacía honor a su escudo, una *txalupa* ocupada por cinco tripulantes, uno de los cuales se dispone a arponear una ballena. Hugo describió como nadie la extravagante arquitectura rocosa de Biarritz y su laberinto de islotes, cámaras, arcadas, cavernas y grutas, aderezado todo ello por la espuma del mar y el ruido del viento. Tampoco se olvidó de mencionar la vida animal que palpitaba en la orilla ni la vegetal que crecía sobre los acantilados; y en cuanto al género humano, su vista se regocijaba con el espectáculo de las chicas del pueblo y las modistillas de Bayona que se bañaban con camisolas de sarga, a veces muy agujereadas, «sin preocuparse mucho de lo que los agujeros muestran y de lo que las camisas ocultan». Su único temor era que Biarritz se pusiera de moda. ¡Ay! Ya habían construido tres hoteles y empezaba a acudir gente de Madrid…, pronto vendrán de París, escribió sin ocultar su fastidio.

Hugo visitó la costa vasca en 1843. En 1854 la emperatriz Eugenia de Montijo pasó dos meses de verano en Biarritz y lo convirtió en su lugar de veraneo. Con la pareja imperial viajaba todo su cortejo, compuesto de damas de honor, chambelanes, ayudas de campo, secretarios, médicos, además de soldados, caballeros y gendarmes, así como los miembros de la banda militar y los marines de la armada. Asimismo acompañaban al emperador sus ministros, generales y mariscales, a los que había que sumar el cuerpo diplomático y los soberanos extranjeros. El príncipe de Oldemburg se instaló en julio de 1859 con un séquito de cincuenta personas. La demanda de alojamiento impulsó la construcción de hoteles, pensiones y villas particulares, y en pocos años Biarritz se convirtió en una de las estaciones balnearias más elegantes y concurridas de Europa, haciendo realidad los temores de Victor Hugo: «Pronto Biarritz pondrá rampas a sus dunas, escaleras a sus precipicios, kioscos en sus rocas, bancos en sus grutas y pantalones a sus bañistas. Entonces Biarritz ya no será Biarritz». Quizá no fuera ya el Biarritz de Hugo, pero la ciudad siguió atrayendo a multitud de aristócratas y artistas y extendiendo su popularidad por todo el mundo. No en vano la ciudad posee una divisa muy asertiva: *Aura, sidus, mare, adjuvant me* (Tengo a mi favor los vientos, los astros y el mar). La creciente colonia rusa motivó la construcción en 1879 de una imponente iglesia ortodoxa bajo la advocación de san Alejandro Nevski. Entre los rusos más famosos que pasaban sus veranos en Biarritz se cuentan Antón Chéjov, Ígor Stravinski y, mi favorito, Vladímir Nabokov. En *Habla, memoria* Nabokov hace un delicioso relato de sus veranos infantiles en Biarritz, en los que no faltaron la caza de mariposas—capturó una *gonepteryx cleopatra* de color anaranjado y limón—ni los baños en la Grande Plage, donde conoció a Colette, su primer amor, una niñita lánguida con la que planeaba escaparse para librarla de unos padres poco amorosos.

Para cuando llegué a la Grande Plage había amainado la lluvia. Me quedé largo rato, sentada en el parapeto de la playa inmóvil, contemplando el panorama, que ejercía una atracción hipnótica sobre mí. Sencillamente me sentía bien allí, sin hacer nada. Me gustaba la brisa—esa que a Nabokov le llenaba los labios de sal—, el olor a mar, la multitud de surfistas jugando entre las olas, el aire vigorizante que me despejaba el cerebro. A unos metros de mí, un joven alto con una sudadera roja y la capucha puesta permanecía inmóvil contemplando quizá las evoluciones de alguien conocido en el agua (véase imagen 3). Saqué la cámara e inmortalicé su silueta recortada contra el distante faro. Tomé un puñado de arena y lo guardé en una bolsita como recuerdo de aquel momento. Frente a mí, surgiendo y desapareciendo entre las olas, estaba el islote en el que F. G. y yo nos dimos el primer beso. Sólo recuerdo que los dos íbamos de negro: bañador y bikini negros (mi primer bikini), muy en plan Deborah Kerr y Burt Lancaster en *De aquí a la eternidad*, aunque ahí terminaba todo el parecido: nuestra relación se desarrolló más en la línea de la de Vladímir y Colette.

De camino al hotel, comenzó a llover de nuevo, primero un suave sirimiri que se convertiría, minutos después, en un aguacero. Busqué refugio en el atrio de la iglesia protestante, a través de cuya puerta entreabierta se podía percibir un interior lúgubremente iluminado y poco concurrido. Entonces reparé en el mercado quc se alzaba invitadoramente frente a mí. Atravesé la calle a la carrera y me sumergí en un mundo cálidamente iluminado, rebosante de gente y de todo tipo de olores deliciosos. Deambulé un rato entre las paradas del mercado deteniéndome especialmente en las que ofrecían panes de todas clases y el famoso *gâteau basque* hasta que reparé en lo hambrienta que estaba. Aunque apenas había recorrido seis kilómetros desde la playa de la

Barra de Bayona, las emociones habían sido muchas y me habían abierto un saludable apetito. Me acerqué a uno de los bares que había dentro del mismo mercado, donde disfruté de unos maravillosos huevos con pimientos de Ezpeleta, rematados por una ración de queso Comté (amado por Victor Hugo) y un panecillo de higos y avellanas, acompañado todo ello de una copa de vino blanco de Irouléguy, ¿o fueron más?

La tarde la dediqué casi enteramente a visitar el Museo del Mar-Aquarium de Biarritz, sueño del marqués de Folin, apasionado oceanógrafo del siglo XIX. El acuario se inauguró en 1935, treinta y nueve años después de su muerte en un elegante edificio *art déco* sobre el promontorio de la atalaya, desde el que, en épocas lejanas, se avistaba el paso de las ballenas. Debo decir que me encanta visitar acuarios y, sin embargo, detesto profundamente los zoológicos. La idea de contemplar mamíferos encerrados en pequeños (o grandes) recintos me pone enferma. Creo que dejé de visitarlos para siempre tras una visita al zoo de Madrid, hace ya muchos años. En un pequeño cubículo, adornado piadosamente con algunas ramas de árboles y unas piedras diseminadas aquí y allá, había una pareja de mapaches. Al acercarme, atraída por su simpático aspecto, contemplé a uno de ellos, que, indolentemente apoyado en un tronco, se masturbaba compulsivamente mientras me dirigía una de las miradas más tristes que he visto jamás. Todavía conservo la fotografía que hice de aquella criatura, con la mirada vacía y la manita apoyada en el vientre para toda la eternidad. Mi rechazo se extiende a esos centros que exhiben mamíferos marinos, como orcas y delfines, a los que hacen ejecutar todo tipo de absurdas cabriolas. Pero, como he dicho, me encantan los acuarios, no sé si por falta de empatía suficiente con los seres acuáticos o porque pienso que pasar la vida encerrado en grandes peceras no es tan doloroso para ellos como lo es el encierro de por vida para los mamíferos. Habría que conocer su opinión, claro está. En el acuario de Biarritz podía contemplar, además, toda la vida animal y vegetal que bulle en las orillas y aguas de la costa vasca. Me encanta la penumbra que reina en sus pasillos y la sorpresa que te aguarda en cada recinto, primorosamente equipado para reproducir los diferentes ecosistemas marinos. Me puedo demorar durante horas ante los caballitos de mar, delicadamente sujetos por las colas a la fronda de las algas, mientras se dejan mecer suavemente por la corriente. Hace mucho tiempo, en el antiguo acuario de Barcelona, tuve la fortuna de contemplar un *pas à deux* de dos caballitos de mar. Es la danza que ejecutan el macho y la hembra antes de aparearse, moviéndose perfectamente al unísono, entrelazando las colas, arqueando delicadamente la cabeza y propulsándose con las pequeñas aletas dorsales a modo de hélices. Creo que es uno de los espectáculos más elegantes de la naturaleza. En libertad, los caballitos de mar o hipocampos viven en las praderas marinas, no muy lejos de la costa, y pueden cambiar de color para defenderse, mimetizándose con las algas del entorno. Se alimentan de zooplancton que aspiran por la trompa y, lamentablemente, están incluidos en la lista de especies en peligro de extinción por las supuestas virtudes curativas que les atribuyen los asiáticos.

Las estrellas del acuario de Biarritz son los tiburones, de los que hay cinco especies; las rayas águila de casi dos metros de longitud; las barracudas, las morenas, y los meros gigantes, aunque entre los más pequeños el héroe indiscutible es el pez payaso (*amphiprion ocellaris*). No hay niño que no se acerque chillando de placer «¡Nemo! ¡Nemo!» a la piscina donde habitan estos encantadores pececitos tropicales de intensos colores. El pez payaso es inseparable de las anémonas de las que obtiene protección a cambio de limpiar sus tentáculos y orificio bucal. Asesorada por la lectura de Rachel Carson, concentré mi atención, sin embargo, en el, digamos, *attrezzo* de los acuarios: tubularias, hidroides, anémonas de mar, pólipos, corales, gusanos de mar y un largo etcétera de seres fascinantes, animales que parecen plantas y plantas que parecen animales, depredadores fijados a las rocas que se dejan mecer por la corriente, a los que sus extrañas formas de plumeros, tubos, palmeras, pepinos y tentáculos hacen pasar por vegetales, pero que pertenecen en realidad al mundo animal. En la tranquilidad del acuario se puede gozar con calma de las formaciones que crean estos seres, de sus extraordinarias irisaciones, texturas y gamas de colores que de otro modo nos estarían vedadas salvo que practicáramos el buceo.

Terminé mi visita al Aquarium en la terraza de las focas, auténtica institución biarrota. Recientemente se había producido una inesperada incorporación con la llegada de Izar (estrella en euskera), un bebé foca que apareció magullado y varado en la Grande Plage de Biarritz el primero de enero de 2014, durante una de las fortísimas tormentas que asolaron ininterrumpidamente la costa vasca los primeros meses del año, produciendo enormes destrozos materiales. Totalmente recuperada, la joven foca dormía apaciblemente junto a sus compañeras, ajena al bullicio infantil que su presencia suscitaba. Al salir del Aquarium las nubes descargaron un nuevo aguacero sobre la ciudad. Todos nos apresurábamos por las calles en busca de un lugar donde guarecernos, todos salvo los surfistas, que progresivamente iban abandonando el agua y se iban sumando al tráfico callejero, descalzos y embutidos en sus trajes de neopreno, como hermosos y ensimismados seres marinos a los que no les queda más remedio que internarse temporalmente en el reino terrestre.

BIARRITZ, LA CUNA EUROPEA DEL SURF

El agua es una llama mojada.
NOVALIS

En mi próxima reencarnación me gustaría ser surfista. Así lo decidí mientras contemplaba las evoluciones de sus numerosos practicantes a lo largo de la costa vasca. Aunque de forma un tanto rústica, desde pequeña yo también he disfrutado de lo lindo «cogiendo olas», eso que ahora se denomina, mucho más elegantemente, «*body surf*»: es decir, dejarte arrastrar hasta la orilla por una gran ola llevando por todo equipo un par de aletas y utilizando los brazos para marcar el rumbo. Aunque yo no utilizaba aletas y ni siquiera recuerdo que hiciera algo con los brazos. Sólo sé que de vez en cuando mi cuerpo se deslizaba majestuosamente hasta la orilla arrastrada por una ola, aunque las más de las veces terminaba hecha un revoltijo contra la arena del fondo.

El primer europeo que describió la práctica del surf fue James King, nombrado capitán del buque *Discovery* tras el asesinato del capitán Cook en la bahía de Kealakekua, Hawái, en 1779. King escribió en su diario cómo se deslizaban sobre las rompientes los nativos de Hawái, subidos en tablas ovaladas y utilizando los brazos como guía, sin olvidar mencionar el inmenso placer que parecía desprenderse de dicha actividad. Cabalgar las olas, ya fuera tumbado o en pie sobre largas tablas de madera, formaba parte integral de la cultura hawaiana desde tiempos inmemoriales, de ahí que el capitán King recalcara en su descripción la cualidad anfibia de los isleños de ambos sexos. El intercambio cultural resultó nefasto para los hawaianos, que en el plazo de treinta años vieron cómo desaparecía su forma de vida milenaria arrasada por la cultura de «decencia, laboriosidad y religión» que misioneros, comerciantes, truhanes y oportunistas de todo tipo llevaron a Hawái. A principios del siglo XX el surf estaba a punto de desaparecer y, curiosamente, fue un *haole* (hombre blanco en hawaiano) quien contribuyó al renacimiento de una actividad que llevaba mucho tiempo languideciendo. Jack London era un escritor de éxito cuando, junto a su mujer Charmian, llegó a Hawái en 1907 a bordo de su velero *Stark.* En la bahía de Waikiki descubrió y empezó a practicar él mismo el surf. La impresión que le causó tal descubrimiento y las sensaciones prodigiosas que le deparó su práctica están magistralmente narradas en el relato «Un deporte de reyes»:

> En la lejanía, una ola se eleva hacia el cielo, surgiendo como una divinidad marina entre un maremágnum de espuma blanca; y, sobre su cresta impetuosa, amenazante e inestable, aparece de pronto la cabeza oscura de un hombre. En un instante se alza entre el oleaje. Sus hombros negros, el pecho, el abdomen, sus brazos y piernas…, todo queda súbitamente a la vista. Donde hace un momento sólo existían la enorme desolación y el estruendo atronador del mar, ahora hay un hombre erguido, que no intenta desesperadamente mantener el equilibrio ni se ve sepultado, aplastado o zarandeado por ese poderoso monstruo, sino que continúa, sereno y magnífico, sobre la turbulenta cima, con los pies hundidos en la espuma que salpica sus rodillas, y el resto del cuerpo fuera del agua bajo la resplandeciente luz del sol; y vuela por los aires, vuela hacia delante, tan rápido como la ola sobre la que cabalga.[1]

[1] Incluido en *Relatos del mar*, trad. de Marta Salís *et al.*, Barcelona, Alba, 2014.

Jack London recibió clases de surf de George Freeth, a quien el escritor describió como un joven dios de piel bronceada. Gracias a la popularidad e influencia de London, el joven Freeth fue invitado al sur de California por un magnate del ferrocarril para hacer una demostración pública, lo que le valió el título de «Primer hombre que hizo surf en California». Hasta los años cincuenta del siglo XX el surf continuó siendo un deporte minoritario y su práctica una forma de vida, una declaración de principios contra el sistema imperante. Se calculaba que había unos seis mil surfistas que vivían prácticamente en las playas, con muy poco dinero y realizando trabajos esporádicos que les permitieran viajar de vez en cuando a Hawái, lugar que seguía siendo considerado la meca del surf. En 1959 Hollywood realizó una almibarada película sobre el surf titulada *Chiquilla*, que fue un éxito inmediato, seguida de otras muchas secuelas consideradas «ofensivas» por los amantes del surf, meros pretextos para sacar chicas en bikini y tíos macizos y bobalicones subidos en tablas. Además de aportar muchos millones de dólares, las películas consiguieron que en 1963 el número de surfistas en Estados Unidos ascendiera a dos millones.

En la historia de Biarritz hubo un verano mítico: el de 1957. Peter Viertel, guionista de Hollywood y marido de Deborah Kerr, viajó a Biarritz en junio de 1956 para supervisar la adaptación cinematográfica de la novela *Fiesta* de Hemingway. Le acompañaba Dick Zanuck, jefe de producción y apasionado surfista californiano. Al contemplar las olas perfectas de Biarritz, Zanuck telefoneó a Los Ángeles para que incluyeran una tabla de surf en las cajas que transportaban las cámaras y el equipo de rodaje. Zanuck tuvo que regresar inesperadamente a Estados Unidos, así que fue Peter Viertel el encargado de recoger la tabla y de hacer una demostración en la playa de la Côte des Basques. Totalmente neófito, lo único que consiguió Viertel fue estrellar la tabla contra las rocas sin haber llegado a utilizarla. Pero desde la orilla alguien le observaba fascinado. Se trataba de Georges Hennebutte, ingeniero e inventor local, además de amante del océano. Hennebutte se ofreció a reparar la tabla en su taller. Al cabo de unos días, él y Viertel surfearon las primeras olas en la misma playa. Algunos le atribuyen también la invención del *leash*, la 'correa', también llamada *invento*, que mantiene la tabla unida al surfista por el tobillo aunque puede resultar peligrosa en olas de más de seis metros. En 1957 Viertel regresó a Biarritz con otra tabla, esta vez de madera de balsa y con la experiencia adquirida en California. Y así fue como aquel verano de 1957 surgió la primera generación de surfistas en Biarritz que no tardarían en ser emulados en diferentes puntos de Europa, allí donde las olas lo permitían.

Hablar de surf es hablar de olas. La mayor parte de las olas que llegan al golfo de Vizcaya y rompen contra la costa vasca nacen en el tempestuoso y agitado mar de Labrador, al este de Terranova y al sur de Groenlandia. Salvo los tsunamis, olas gigantescas producidas por terremotos submarinos, todas las demás son resultado de la acción del viento sobre el mar. Al no encontrar obstáculos que las detengan, las olas que llegan hasta la costa vasca desde el Atlántico Norte pueden haber recorrido más de cinco mil kilómetros. La distancia que salvan por el impulso del viento soplando en la misma dirección y sin encontrar obstáculos se denomina *fetch*. También hay olas «jóvenes» que son creadas por el viento más cerca de la costa; las podemos distinguir de las «olas viajeras» porque se acercan formando cabrillas de espuma blanca hasta que rompen en un proceso largo y prolongado. Pero, como describe Rachel Carson:

Si una ola, al llegar al rompiente, se hace más alta, como si reuniese toda su fuerza para el espectacular término de su viaje, si se forma la cresta a lo largo de todo su frente y después empieza a rizarse hacia delante, si toda la masa de agua se derrumba de pronto sobre su seno con repentino estruendo, entonces podemos asegurar que se trata de una ola viajera que ha hecho un largo recorrido desde regiones lejanas del océano antes de deshacerse a nuestros pies.

Éstas son las olas por las que los surfistas también hacen miles de kilómetros. Una de las olas míticas de la costa vasco-francesa es la llamada Belharra, ola gigante que toma su nombre de un arrecife rocoso entre San Juan de Luz y Hendaya. En los meses de invierno y en determinadas condiciones climáticas, el oleaje choca contra ese espolón creando olas de entre diez y quince metros de altura, aunque en el campeonato mundial de enero de 2014 el hawaiano Shane Dorian, uno de los mejores surfistas de olas gigantes del mundo, afirmó que había cabalgado olas Belharra de sesenta pies (casi veinte metros).

Por la mañana muy temprano abandoné con pena Biarritz y comencé a caminar hacia Bidart. De allí parte el sendero del litoral que serpenteando por el borde del mar llega hasta Hendaya. Biarritz me despidió con fuerte viento, seguido de ráfagas de lluvia cuando éste amainaba. La guía Collins de 1923 dice:

El aire de Biarritz es famoso desde antiguo por su pureza (ausencia de gérmenes), por su contenido en ozono, cloruro de sodio, yodo y bromo y por su estabilidad térmica. Las lluvias son poco frecuentes y casi siempre nocturnas... También se jacta de la suavidad de sus inviernos y de su luminosidad, que añade a su oxígeno electrizado una acción fotogénica tan potente como para hacer afluir la sangre a la epidermis y mejorar la circulación en todo el organismo.

Atraído sin duda por tales reclamos, Ígor Stravinski se instaló en Biarritz a comienzos de la década de 1920. Tres años más tarde levantó el campamento y se trasladó a Niza, huyendo de la violencia de los temporales invernales de la costa vasca. Dejé atrás la Villa Beltza, subida en su promontorio rocoso, y enfilé hacia la primera playa, la Côte des Basques. Después vendrían las de Marbella, Milady, Ilbarritz y Pavillon Royal. Me encantan los nombres de las playas; me transmiten la alegría de mañanas o tardes de verano pasadas junto al mar. De hecho, mientras caminaba contra el viento intenté repetir a modo de mantra (y con acento francés) todas las que ya había recorrido desde la Barra de Bayona y las que me aguardaban hasta Hendaya. También organicé un pequeño concurso y elegí un nombre ganador. En aquel momento venció Parlementia, la playa de Guéthary, que da nombre también a una famosa ola, aunque su triunfo estuvo muy reñido con Erromardie. Amainó el viento y empezó a llover. Enfundada de nuevo en mi capa, caminé por la solitaria orilla del mar, como quien se adentra en otro mundo, en otra dimensión.

EL SENDERO DEL LITORAL, DE BIDART A HENDAYA

> Produce una inmensa tristeza pensar que la naturaleza habla mientras el género humano no escucha.
>
> VICTOR HUGO

El sendero del litoral que lleva desde Bidart hasta Hendaya arranca en la playa de Erretegia. Aquella mañana de abril había alerta amarilla por viento y no se veía un alma. Estuve a punto de desistir, pero casi sin darme cuenta me vi bajando a toda velocidad, con el viento de popa y la capa hinchada como un globo, hasta la playa de Uhabia donde encontré al primer ser humano de la mañana: un *kitesurfer* deslizándose en un mar terriblemente agitado y a una velocidad endiablada. Ante su visión me dije que yo no me podía arredrar por un poco de viento, así que continué mi camino convertido ahora en una empinada cuesta al término de la cual se encontraba Guéthary. Los embates del viento durante la bajada se transformaron en unas poderosas manos invisibles que me impedían avanzar. Cuando llegué al final de la pendiente la lluvia empezó a arreciar y decidí guarecerme un rato bajo el soportal de una casa. Al otro lado de una ventana un gato se atusaba el pelo de las patas mientras me lanzaba lo que me parecieron miradas de conmiseración. Hasta San Juan de Luz el sendero del litoral es un continuo subir promontorios y bajar hasta arenales en los que unos letreros alertan de que el baño está prohibido en estas playas salvajes, sin vigilancia, y que se deja la práctica de deportes náuticos a la responsabilidad de cada cual. Al salir de un pequeño bosque de laureles encontré el primero de una serie de carteles que anunciaban desprendimientos y deslizamientos en el acantilado y obligaban a desviarse ligeramente hacia el interior. Durante los meses de enero y febrero de 2014, temporales casi continuos y de una dureza inusitada azotaron la costa vasca. En un documental de la televisión vasco-francesa se hablaba de un progreso anual de la erosión de los acantilados de hasta setenta centímetros en algunos puntos y se veían imágenes de edificios desalojados (en Las Landas) porque estaban a punto de desmoronarse sobre el mar. Las autoridades hablaban de «relocalización» y del peligro que corrían algunas villas, construidas temerariamente demasiado cerca del mar. El mismo Casino de Biarritz se había inundado completamente en varias ocasiones durante ese invierno. En *El mar que nos rodea* Rachel Carson evoca bellamente cómo el océano va desgastando las costas rocosas por un proceso de trituración, haciendo que la configuración de la línea costera no sea la misma de un día para otro; en cada embate, auténticos golpes de ariete, el mar arranca fragmentos de roca que a su vez se convierten en herramientas punzantes dispuestas a deshacer el acantilado. Cuando grandes fragmentos de roca son arrancados en la parte baja, la masa rocosa que queda al aire y sin sostén firme terminará por caer al mar, donde es desmenuzada por la acción trituradora del oleaje, análoga a la de un molino, produciendo un ruido sordo y prolongado que, según Carson, no se olvida fácilmente. La primera persona que midió la fuerza de una ola en el mar fue Thomas Stevenson, padre del escritor Robert Louis Stevenson. Stevenson padre inventó un instrumento llamado dinamómetro de oleaje y con él estudió las olas que azotaban Escocia, descubriendo que en los temporales de invierno la fuerza de una ola puede llegar a ser de treinta mil kilos por metro cuadrado. Aquella mañana, mientras caminaba por la cima de los acantilados, tuve ocasión de contemplar el persistente esculpir y roer de las rocas por las aguas y, cuando el viento lo permitía, de escuchar el sordo rumor del molino del oleaje.

Desde la Punta de Santa Bárbara, donde las gentes del mar veneraban a la santa que protegía contra el rayo y las tormentas, disfruté de una vista maravillosa de la bahía de San Juan de Luz, enmarcada entre los diques rompeolas y la fortaleza que Vauban construyó en Sokoa. El viento y la lluvia habían amainado y el sol comenzaba a brillar tímidamente entre las nubes permitiéndome desembarazarme de la capa y recomponer un poco mi atuendo para poder entrar con cierta elegancia en San Juan de Luz. Repuse fuerzas en el bar de la Baleine, lugar frecuentado por Le Cagot, personaje de la novela *Shibumi* de Rodney Whitaker, autor estadounidense que bajo el pseudónimo de Trevanian vendió millones de libros en los años setenta y ochenta del siglo pasado y vivió en el país vasco-francés. El sol brillaba decididamente y comenzó a hacer calor, aunque el viento no terminaba de amainar. Visité la iglesia de San Juan Bautista, una de las más bonitas del País Vasco, con su nave votiva traída desde Terranova y las galerías laterales de madera de tres pisos destinadas a los fieles de sexo masculino, mientras las mujeres ocupaban la planta baja. En esta iglesia se casaron en 1660 Luis XIV y la infanta española María Teresa de Austria. Otro hecho más difícil de imaginar en esta apacible población costera es la presencia, durante la Revolución Francesa, de una guillotina instalada en la plaza, que a decir de los historiadores estuvo muy activa. Intenté visitar la casa del compositor Maurice Ravel, que nació en Ciboure en 1875, pero estaba cerrada al público. Para consolarme entré en la librería To the Lighthouse, donde, además de hojear libros y ver una exposición de fotografías marinas, pude tomar, arrellanada en un sofá, un delicioso té acompañado de un trozo de tarta casera que la propietaria del local acababa de sacar del horno.

A primera hora de la tarde me puse en camino hacia Hendaya, pasando antes por el pequeño puerto de Sokoa, lugar que me trajo recuerdos de un verano en el que me dio por aprender windsurf. Al atardecer, después de las clases, solíamos sentarnos en un pequeño bar a beber vino de melocotón, una bebida deliciosa, originaria de la Provenza, que se toma bien fría y a la que era muy aficionado el marqués de Sade. De nuevo en el sendero litoral, tuve mi primera visión del *flysch*, fenómeno geológico muy presente en la costa vasca que consiste en la alternancia de capas de rocas duras (calizas y areniscas) y blandas (margas y arcillas), y que tendrá su protagonismo más adelante en este libro. Durante un tramo el sendero del litoral va paralelo a la carretera panorámica de La Corniche. En aquella mañana de abril la primavera había estallado en las cunetas que rebosaban flores de todos los colores. Aunque no resulte tan evidente, la primavera también estalla en el mar, y al igual que en la tierra, es una época de renovación. Las capas de aguas superficiales que se han ido enfriando durante el invierno comienzan a hundirse lentamente desplazando hacia arriba las capas inferiores más calientes. «Cuando en la primavera las aguas se renuevan intensamente, las más calientes del fondo arrastran hasta la superficie una gran cantidad de sustancias minerales, dispuestas para ser utilizadas por los organismos vivos», escribe Carson en *El mar que nos rodea*. Cuando llega la primavera las praderas de plantas fanerógamas y el fitoplancton que ha permanecido en estado latente en invierno florecen fertilizados por las ricas sustancias químicas del agua y el calor del sol. Con una rapidez increíble, el fitoplancton empieza a multiplicarse cubriendo vastas extensiones del mar con un manto vegetal. Y con la misma celeridad con la que se reproduce, es devorado por otros organismos en el incesante ciclo de renovación de la vida. El fitoplancton también es responsable del cincuenta por ciento del oxígeno presente en el planeta y de la fijación del dióxido de carbono mediante la fotosíntesis. Su importancia ecológica es inmensa, dado que capta anualmente tanto carbono de la atmósfera como el conjunto de la biosfera vegetal terrestre. En los bosques sumergidos, ocultos a nuestra vista, pastan caballitos de mar, tortugas, moluscos, crustáceos, peces, estrellas de mar y muchos otros seres. También ejercen de áreas de reproducción, de guardería de alevines y de zonas de descanso y resguardo de numerosas especies de peces, aunque como en cualquier bosque que se precie no falten los depredadores.

Abandoné la carretera siguiendo el sendero litoral y llegué a un lugar llamado Asporotsttipi (otro nombre para mi colección), donde se levantan los restos de un antiguo cargadero de algas que se extraían de una ensenada cercana sugerentemente llamada Sorgin Zilo o Agujero de las Brujas. El sendero continuaba bordeando la espectacular bahía de Loia, cubierta aquel día por la marea alta y agitada por el continuo oleaje. Tras atravesar un tupido bosquecillo, el sendero lleva al caminante a uno de los lugares más encantadores de toda la costa vasca: el Domaine d'Abbadia, espacio natural protegido, propiedad del Conservatoire du Littoral. En la cima de una colina con impresionantes vistas sobre el mar se alza un extraño castillo de aspecto incongruente en aquel mundo de acantilados, montañas y caseríos vascos. Es el castillo de Abbadia erigido por el arquitecto Viollet-le-Duc entre 1864 y 1884 en estilo neogótico a petición del dueño de la heredad, el explorador, astrónomo y lingüista Antoine d'Abbadie d'Arrast (véase imagen 4). Nacido en Dublín en 1810, de padre oriundo de la provincia vascofrancesa de Zuberoa—huido de Francia durante la revolución—y de madre irlandesa, Antoine d'Abbadie se apasionó muy pronto por la ciencia y se dedicó a explorar África y Brasil. Llevada por la curiosidad, abandoné el sendero para visitar el castillo y aprender más sobre ese curioso y atractivo personaje.

Me encanta visitar castillos y casas antiguas, sobre todo si no han sido objeto de demasiadas intervenciones, y el castillo de Abbadia se conserva prácticamente tal como lo dejaron sus moradores. La visita guiada, a cargo de una entusiasta y simpática joven, resultó sumamente instructiva.

Los escasos componentes del grupo nos enteramos, entre otras cosas, de que Abbadie exploró durante más de diez años Etiopía, entonces territorio ignoto para Occidente, y como fruto de sus viajes publicó numerosas obras geográficas y cartográficas e incluso un diccionario de la lengua amhárica que sería utilizado por Rimbaud; también aprendimos los tres consejos del romántico Antoine d'Abbadie para introducirse en tribus consideradas especialmente peligrosas: ir descalzo, desarmado y aprender a decir en su lengua «vengo a respirar el aire de vuestras montañas». Las paredes del vestíbulo están decoradas con deliciosos murales que describen la vida cotidiana en Etiopía: la comida de un gran guerrero, el trabajo en el campo, la elaboración del pan o el funcionamiento de una escuela, en la que aparecen niños encadenados por haberse portado mal. También se puede visitar el saloncito de intenso color rojo y estilo oriental donde Virginie, esposa de Antoine, recibía a sus amistades o el comedor en el que todas las sillas llevan una letra en el respaldo y cuya leyenda reza: EN ESTA MESA NO HAY LUGAR PARA EL TRAIDOR. El castillo es una babel de lenguas, ya que Abbadie llegó a dominar catorce, y el visitante puede convertir en juego el ir descubriendo una por una las inscripciones diseminadas por el interior y el exterior de la morada: en gaélico materno, en euskera paterno, latín, amhárico, francés, árabe... Pero las piezas más fascinantes del castillo son la biblioteca, en la que Abbadie llegó a reunir más de diez mil volúmenes, muchos de ellos de temática vasca, y el observatorio astronómico, en el que persiguió el sueño, nunca alcanzado, de catalogar la posición de más de cinco mil estrellas. Antoine d'Abbadie fue también un gran amante del euskera, a cuya difusión dedicó importantes esfuerzos y medios económicos. A él se debe el resurgir de la lengua y la literatura vasca con la creación de los Juegos Florales en 1851 y el famoso lema que acuñó junto con el escritor Augustin Chaho, «Zazpiak Bat» ('las siete, una'), alusión a la unión política de los siete territorios vascos: Álava, Guipúzcoa, Vizcaya, Navarra, Baja Navarra, Lapurdi y Zuberoa. Aunque está enterrado junto a su mujer en la capilla del castillo, Abbadie quiso morir en París, en la misma cama en que lo había hecho cincuenta años antes su admirado escritor y político Chateaubriand, en el número 120 de la Rue du Bac.

Durante toda la mañana había acompañado mis pasos la majestuosa silueta del monte Larrun recortándose en el horizonte. Lo volví a encontrar, esta vez curiosamente enmarcado por palmeras chinas en los hermosos jardines del castillo creados por Antoine d'Abbadie a partir de las especies exóticas que trajo de sus viajes por el mundo. La visión del monte Larrun me trajo a la memoria a uno de los personajes más nefastos que han pisado estas tierras: Pierre de Rosteguy, señor de Lancre, casado con Jeanne de Mons, sobrina-nieta de Montaigne. Miembro del Parlamento de Burdeos, Lancre recibió el encargo real de purgar al país de todas las brujas y brujos poseídos por el demonio, vigilar, en particular en San Juan de Luz, los actos de los refugiados judíos y moriscos expulsados de España y Portugal y las costumbres laxas de las mujeres de los marinos en ausencia de sus maridos. El 2 de julio de 1609 el fanático señor de Lancre inició en Bayona una de las cazas de brujas más sangrientas de la historia. Y es que, como afirma el historiador Walter Burkert, la religión puede ser un asunto mortalmente serio. Desde el tribunal instalado en el siniestro castillo de Saint-Pée-sur-Nivelle, del que todavía quedan las ruinas, ordenó la tortura y ejecución de más de ochenta personas, en su mayoría mujeres, pero también, niños e incluso sacerdotes. El regreso de las tripulaciones de marinos tras la campaña en Terranova dio lugar a un motín, y ante la posibilidad de una rebelión a gran escala, provocada por la ejecución de una tal Marie Bonne, las autoridades de Burdeos retiraron a Lancre de sus funciones. Durante su misión Lancre tuvo tiempo de criticar también los baños de mar en Biarritz, que consideraba un atentado contra la moral: «ese desorden de muchachas y jóvenes pescadores que se ve en la costa con delantal y sin nada por debajo, entremezclándose en las olas». Por avatares de la historia el castillo de los de Lancre, rebautizado Malromé, pasó a manos de la familia Toulouse-Lautrec, y en él murió el pintor Henri de Toulouse-Lautrec en 1901.

Tras abandonar el Domaine d'Abbadia retomé el sendero y en pocos minutos terminé mi recorrido frente a las Dos Gemelas de la playa de Hendaya, islotes rocosos que se desgajaron de la costa y que al decir de los geólogos pronto pueden convertirse en «trillizas» ante el avance de la erosión litoral. Me quedé un buen rato sentada en la arena contra el parapeto de la playa, contemplando el mar y el cielo. Me despedí de momento de la costa vasca; cuestiones familiares y laborales me obligaban a regresar a casa. Había tardado días en recorrer lo que en mi guía se hace en dos jornadas, pero eran muchas las cosas que había querido visitar y muchas también las que habían quedado pendientes. Frente a mí, la bahía de Txingudi y la montaña de Jaizkibel eran el recordatorio de mi próxima meta. A modo de despedida, mientras me dirigía hacia la estación, fui recitando como un mantra el rosario de nombres de las playas que había recorrido: la Barre, Les Cavaliers, la Madrague...

Sobre la mesa en la que escribo estas líneas está la arena de Biarritz. De vez en cuando la saco de su pequeño recipiente de cristal y observo los granos con la lupa. Los hay pulverizados y los hay más grandes, de diferentes colores y tamaños. Mi favorita es una piedrecita negra de suaves contornos, artísticamente atravesada por una línea blanca. También las hay de color rosa, amarillo ocre y verdosas.

«La arena es una sustancia bella, misteriosa e infinitamente variable. Cada grano de una playa es resultado de procesos que se remontan a los brumosos comienzos de la vida, o de la propia tierra», escribe Rachel Carson. El grueso de la arena de las costas proviene de la erosión y desgaste de las rocas, transportadas desde su lugar de origen hasta el mar por las lluvias y los ríos. ¿De dónde habrá venido la piedrecita negra y blanca? ¿Procederá de alguna montaña del Pirineo cercano? Ya lo advirtió Dōgen en «El Sutra de las montañas y los ríos» cuando escribió: «Las montañas azules caminan continuamente».

2

JAIZKIBEL, LA COSTA DE LAS MARAVILLAS

DE FUENTERRABÍA A SAN SEBASTIÁN

> El agua es H_2O, dos partes de hidrógeno y
> una de oxígeno,
> pero hay un tercer elemento que la
> convierte en agua
> y ése nadie sabe lo que es...
>
> D. H. LAWRENCE, «The Third Thing»

Apenas dos meses después, a finales de junio, ya estaba preparada para continuar mi exploración de la costa vasca. De acuerdo con mi guía, en la tercera etapa—Fuenterrabía-Pasajes—había que atravesar la montaña de Jaizkibel, que según el autor se extiende

> como el lomo de un gran saurio, como una bestia de arenisca tendida junto al mar. Por sus pliegues tendremos que buscar un sendero tortuoso, en el tramo más salvaje y solitario de toda la costa vasca, un recorrido rompe-piernas que exige muchas horas y buena forma física.

Sin embargo, también según la guía, el camino ofrecía grandes recompensas en forma de itinerario muy poco transitado por el que se van desplegando paisajes colosales: «Acantilados de vértigo, valles profundos, calas recónditas, laberintos rocosos, rasas litorales, esculturas de arenisca erosionada». Otra emoción de la ruta era «una espectacular losa inclinada» que había que atravesar, y aunque «existen huellas talladas en la piedra, el paso es peligroso, especialmente si está mojado», decía la guía. La descripción de la etapa me dejó un tanto amedrentada, así que decidí buscar un compañero con quien compartir tantas emociones. Investigando en Internet encontré la descripción completa de la ruta acompañada de unas fotografías maravillosas. Así es como conocí a Francisco Javier Beltrán de Heredia, «Beltri» para los amigos, que además de montañero veterano y gran conocedor de la ruta resultó ser el mejor de los guías. En el último momento se nos unió mi amiga Menci, bióloga de formación, caminante infatigable, entusiasta de la botánica y de la vida en general.

Una mañana de finales de junio nos dimos cita los tres en el paseo marítimo de Fuenterrabía y comenzamos a andar hacia Jaizkibel como si no hubiéramos hecho otra cosa en la vida que recorrer juntos acantilados solitarios. A pesar de la lluvia y el viento los ánimos estaban altos y el pronóstico del tiempo indicaba que por la tarde luciría el sol. En alemán existe una palabra muy evocadora, *Sehnsucht*, amada por los románticos, que podría traducirse de forma imprecisa como anhelo o añoranza de algo intangible e inexpresable. Para el escritor y viajero Robert Louis Stevenson, lo que mejor expresa esa pasión hacia lo que está más allá es la visión de un camino serpenteante en el horizonte, esa cinta blanca que incita a viajar y que aparece como una cicatriz en el paisaje. Es una sensación indefinible que nos impulsa a subir la próxima colina o llegar hasta la siguiente curva del camino para ver qué nos aguarda más allá, aunque en nuestro fuero interno sepamos que no habrá sino otra curva o una nueva colina que salvar. Al poco de adentrarnos en el sendero de la costa apareció ante nosotros esa cinta blanca que, después de descender suavemente durante un trecho, se perdía tentadoramente colina arriba entre los árboles. Sólo más tarde, al recordar su imagen, aquel sendero se revelaría como la puerta de entrada a otra dimensión, a otro mundo; un mundo al otro lado del espejo.

El viento levantaba olas y el agua nos salpicaba cuando el sendero discurría muy cerca del acantilado. La sensación que producía caminar por allí era profundamente estimulante. Tendemos a pensar en el paisaje como algo pasivo que está ahí para nuestro exclusivo deleite y disfrute. Pero en aquellos momentos el espectáculo del cielo, la costa y el océano, que parecían mantener una dramática conversación, se nos revelaba como algo vivo y tremendamente poderoso, como un escenario en el que se podían detectar los ritmos y procesos de la tierra y el eterno fluir de la vida. La visión de la orilla del mar no siempre ha sido algo apreciado; se trata más bien de un hallazgo relativamente reciente en la sensibilidad occidental. Hasta bien entrado el siglo XIX las villas que se construían en las estaciones balnearias daban la espalda al océano y las grandes mansiones que se levantaban en terrenos costeros se hacían rodear de plantaciones arbóreas que las protegían no sólo de los vientos invernales, sino de la visión de las aguas marinas que eran algo temible e inquietante. El mar atrae e inquieta a partes iguales al ser humano. Pero ¿cómo surgió el océano?

ESA SUSTANCIA EXTRAORDINARIA LLAMADA AGUA

Si la edad de la Tierra se calcula en unos cuatro mil quinientos millones de años, se cree que el océano es sólo un poco más joven, y que en su formación tuvieron mucho que ver las estrellas, la luna y las rocas terrestres. Durante millones de años la Tierra fue una bola de gases incandescentes. Poco a poco, esos gases se fueron enfriando, y cuando la corteza terrestre se enfrió también lo suficiente, el vapor de agua se condensó y empezó a llover. Llovió ininterrumpidamente, de día y de noche, durante siglos y siglos. Eones de tiempo. Nunca se han vuelto a producir lluvias tan torrenciales como aquéllas. Las aguas se fueron acumulando en lo que hoy conocemos como cuencas marinas y las que caían sobre los continentes se precipitaban hacia los mares recién formados. En un principio aquellas aguas tenían muy baja salinidad, pero desde el momento en que las lluvias comenzaron a caer, empezó también un fenómeno que nunca se ha detenido: la erosión de las rocas, la disolución de los minerales que contienen y el arrastre hacia el mar de los fragmentos rocosos. Al menos ésta es la teoría que se mantuvo durante gran parte del siglo XX. Nuevas investigaciones apuntan a que una parte del agua de nuestro planeta llegó, gota a gota, a bordo de asteroides que la golpearon a gran velocidad durante eones. Otra parte de nuestra agua provendría de los cometas, lo cual significa que algunas de las moléculas del agua de nuestros océanos serían más antiguas que la propia Tierra, e incluso que el sol. Pero el agua no sería la única reliquia que nos aportaron los cometas: también bombardearon la Tierra con materia orgánica—compuestos de carbono e hidrógeno y, a veces, también de nitrógeno u oxígeno—, con lo cual el agua y la vida habrían llegado a la Tierra desde el espacio interestelar.

En el transcurso de los siglos y de los milenios el mar ha ido aumentando su salinidad con los minerales disueltos de las rocas de la corteza terrestre. Un litro típico de agua de mar contiene aproximadamente dos cucharaditas y media de sal común, pero cantidades mucho mayores de otros elementos y compuestos que denominamos sales. Las proporciones de estas sales y minerales en nuestros tejidos son asombrosamente similares a las del agua del mar, por ello, como dijo Carl Sagan, «sudamos y lloramos agua de mar».

En el planeta Tierra el agua está por todas partes. Nosotros mismos sin ir más lejos nos componemos de un sesenta y cinco por ciento de agua. Somos más líquidos que sólidos. Una vaca es agua en un setenta y cuatro por ciento y un alga en un noventa por ciento. El noventa y siete por ciento del agua de la Tierra es salada y se encuentra en océanos y mares; sólo el tres por ciento del agua del planeta es dulce, y la mayor parte se encuentra concentrada en capas de hielo. Sólo un 0,036 por ciento se encuentra en lagos, ríos y embalses, y una cantidad aún menor (0,001 por ciento) en las nubes en forma de vapor. Todos sabemos que la fórmula química del agua es H_2O, la unión de un átomo grande de oxígeno y dos más pequeños de hidrógeno. Los átomos de hidrógeno se aferran tenazmente al oxígeno anfitrión, pero a la vez forman enlaces con otras moléculas de agua desplazándose y entablando una danza permanente «como participantes de un baile con cambio de pareja», tal como lo ha expresado el divulgador científico y oceanógrafo Robert Kunzig. Un vaso de agua parece algo estable a la vista, sin embargo cada una de sus moléculas cambia de pareja millones de veces por segundo. Por eso las moléculas de agua permanecen unidas formando cuerpos como charcos o lagos, aunque no tanto como para no poder separarse cuando nos zambullimos en una piscina. Ese resistente vínculo hace que el agua tenga tensión superficial, creando una especie de membrana lo bastante fuerte como para sostener a los insectos y permitirnos lanzar piedras planas al ras de la superficie para hacer «cabrillas». En la tierra hay mil trescientos millones de kilómetros cúbicos de agua, incluyendo la de la atmósfera. Es un sistema cerrado, es decir, ésa es toda el agua de la que disponemos, y la que bebemos ha estado circulando desde que comenzaron las lluvias primordiales cuando nuestro planeta era todavía muy joven. El agua ocupa las tres cuartas partes de la superficie terrestre (el setenta y uno por ciento), y sin embargo, a escala cósmica, el agua en estado líquido es más rara que el oro.

UN BOSQUE MÁGICO Y PRIMORDIAL

Tras avanzar por el sendero y atravesar solitarias ensenadas en las que el agua dulce de los riachuelos de las montañas se unía con el mar, nos detuvimos en un promontorio para contemplar el panorama y ver el camino que ya habíamos recorrido desde el faro de Higuer. No muy lejos se veía un rebaño de saludables ovejas recién esquiladas para el verano. Ninguna de ellas parecía estar sumida en sesudas meditaciones, sino que pastaban alegremente una hierba apetitosa a la que no faltaba su toque de sal. Cuando reanudamos la marcha recordé que pronto nosotros también pararíamos a reponer fuerzas, así que decidí imitarlas y me limité a disfrutar del momento.

El sendero nos llevó a continuación hasta la ensenada y el molino de Artzu. Del molino apenas queda una pared medio derruida a través de la cual se abre paso el arroyo de Argibel, que antaño contribuía a moler el trigo y el maíz de los caseríos de la montaña. La naturaleza ha vuelto a adueñarse del lugar con su generosidad característica. La presencia de la vegetación resulta abrumadora en Artzu; uno creería haberse adentrado en un bosque tropical por la profusión, tamaño y variedad de helechos que allí se encuentran: helechos reales, culantrillos, lengua de ciervo, *Trichomanes speciosum*, *Woodwardia radicans* e *Hymenophyllum tunbridgense*, estos tres últimos los helechos paleotropicales más amenazados y raros de Europa. También descubrimos un denso bosquecillo de bambúes gigantes (*Phyllostachys bambusoides*) que parecía proteger, a modo de empalizada, una enorme roca cubierta de arriba abajo por el musgo; además había líquenes, robles, encinas, madroños y el propio arroyo que se precipitaba bajo tierra en una cavidad para volver a emerger junto al mar... Todo ese mundo vegetal, mineral y acuático confería al lugar una sensación de profunda antigüedad, de bosque primordial y mágico, apto para servir de morada a silfos, elfos y otros espíritus silvanos. Aunque teníamos un largo camino por delante nos resistíamos a abandonar Artzu. Nos descalzamos y nos metimos en el agua clara y fría del riachuelo; caminamos sobre un suave sendero musgoso que llevaba hasta el mar, redescubriendo el sentido del tacto en los pies, la frescura de las hojas caídas, la calidez de la madera de las raíces y la suavidad de la hierba. El musgo, del que existen quince mil especies en el planeta, fue el primer vegetal «puente» entre la vida acuática y terrestre. Y aunque no le gusta el agua salada, se lo podía ver todavía cubriendo las últimas rocas de la ensenada, como si se resistiera hasta el último momento a abandonar al agua del arroyo. Los líquenes, en cambio, pueden sobrepasar la línea costera y adentrarse en el mar soportando una inmersión periódica. Existe una anécdota maravillosa relacionada con el musgo y su protagonista fue el explorador y botánico escocés que respondía al estupendo nombre de Mungo Park. En 1795 la African Association, sociedad británica fundada para explorar el interior del continente africano, encargó a Mungo Park que remontara el río Níger y diera cuenta de todo lo que encontrara a su paso. Park partió a caballo de un lugar llamado Kooma en compañía de dos pastores que llevaban su misma ruta. Cuando se quedó rezagado por las dificultades de su caballo al avanzar por un camino pedregoso y empinado Park escuchó un tumulto, y al acercarse para ver lo ocurrido descubrió a uno de los pastores en el suelo, aparentemente muerto. Mientras consideraba la situación, él mismo fue rodeado por una banda de forajidos armados. Éstos comenzaron por cortar con un cuchillo todos los botones de su chaleco para luego ir despojándole de todas las prendas hasta dejarle completamente desnudo y desarmado. Park quedó en una situación desesperada, solo, en un medio hostil en mitad de la estación lluviosa y a ochocientos kilómetros del asentamiento europeo más cercano. El hecho de que viviera para contarlo en el libro *Viaje a las regiones interiores de África* se debió a algo que observó y le devolvió la fuerza para seguir luchando por sobrevivir:

> En aquel momento, aunque sumido en dolorosas reflexiones, la extraordinaria belleza de un pequeño musgo en fructificación me llamó poderosamente la atención. Lo menciono para demostrar en qué minucias puede a veces hallar consuelo la mente; y aunque toda la planta no fuera mayor que la punta de uno de mis dedos, no pude contemplarla sin admirar la delicada conformación de sus raíces, hojas y cápsula.[1]

La visión del musgo dio a Mungo Park la fuerza necesaria para levantarse y llegar hasta un poblado cercano donde se encontró con los dos sorprendidos pastores que ya le daban por muerto. Durante los instantes que duró aquel momento de asombro cósmico, Park fue capaz de «ver» el musgo tal cual, despojado de las palabras, taxonomías y numeraciones bajo las que los seres humanos sepultamos las cosas. Su alma de botánico percibió, liberada de todo

[1] Mungo Park, *Viaje a las regiones interiores de África*, trad. de Susana Carral, La Coruña, Ediciones del Viento, 2008.

artificio, el tremendo misterio de la vida o, como él lo describió en su libro, «la perfección de la obra divina», encarnada en un humilde musgo. Estoy segura de que Mungo Park habría disfrutado muchísimo en el molino de Artzu.

LA GRAN DISEÑADORA

> El gran libro del universo está escrito en el lenguaje de las matemáticas.
>
> GALILEO GALILEI, *Il saggiatore*

El camino continuó serpenteando por el borde de la costa y, tras superar un altozano herboso, nos llevó hasta una bifurcación. Aquí el caminante puede decidir tomar el sendero Talaia, perfectamente balizado y la manera más cómoda de llegar a pie hasta Pasajes, u optar, como nosotros, por el sendero de la costa, mucho más duro y poco transitado. La espectacular morfología de los acantilados de Jaizkibel se debe a la sucesión de arroyos paralelos que han ido erosionando el relieve y creando profundos valles en su camino hacia el mar, de ahí que el avance por la costa sea una sucesión sin tregua de subidas escarpadas y de bajadas en picado. Es precisamente lo accidentado del terreno lo que ha permitido que este tramo costero permanezca salvaje y que su riqueza geológica, botánica y faunística sea uno de los tesoros mejor guardados de la costa vasca. Aquí Beltri tomó el mando de nuestra pequeña expedición y nos fue llevando por los mejores pasos, señalándonos los hitos más importantes del recorrido y, como los buenos guías, manteniéndose en un discreto segundo plano mientras Menci y yo nos deshacíamos en exclamaciones de admiración que iban creciendo en intensidad a medida que avanzábamos. No recuerdo si era por la tarde cuando llegamos a la playa de los fósiles, porque para entonces ya había perdido la noción del tiempo. En este lugar, llamado Erentzingo Zabala, se encuentra la mayor y más densa acumulación mundial de unas curiosas estructuras pétreas llamadas *paramoudras*, la primera y espectacular muestra que encontramos de lo que la naturaleza ha ido diseñando durante millones de años en la arenisca de Jaizkibel. Los paramoudras son concreciones silíceas formadas en torno a las trazas fósiles (icnofósiles) de gusanos marinos que vivieron en fondos arenosos hace unos cincuenta y cinco millones de años. En el norte de Europa se conocen algunos ejemplos de paramoudras, pero en Jaizkibel se encuentran a centenares y constituyen una insólita exposición de esculturas a la orilla del mar. Los hay de las formas más variadas y caprichosas: esféricos, cilíndricos, serpentiformes; imitando senos femeninos, falos, ánforas, esponjas..., e incluso los hay que recuerdan a focas y tortugas. Presentan además un orificio central, en realidad un canal tubular de entre cinco y siete milímetros de diámetro que los recorre en sentido vertical y constituye la traza fósil del gusano marino. Para los geólogos, lo más enigmático de estas estructuras son las llamadas *espículas* o remate punzante de los orificios que a veces está presente por partida doble. Los hay de todos los tamaños, pero los mayores alcanzan unos dos o tres metros de desarrollo vertical y de seis a ocho metros de desarrollo horizontal.

Recorrer la costa vasca a pie equivale no sólo a realizar un viaje en el espacio, sino también hacia atrás en el tiempo. Las areniscas de Jaizkibel se formaron en una profunda cuenca marina durante el Eoceno, entre cuarenta y cincuenta y seis millones de años atrás, y comenzaron a emerger durante la formación de los Pirineos hace cuarenta millones de años. Tendemos a pensar en las rocas como en algo duradero e indestructible, pero las areniscas de Jaizkibel se han formado, deformado y reformado a lo largo de millones de siglos y su aspecto actual no es más que otra fase en los ciclos de sedimentación, erosión, elevación y desmoronamiento que sufren las rocas (véase imagen 5). Aunque en cantidades infinitesimales, hasta los líquenes contribuyen a disolver las rocas con los ácidos que segregan. Desde la playa de los paramoudras hasta Pasajes se puede contemplar otra maravillosa variedad de formas y colores practicada por la naturaleza en la arenisca a la que los geólogos denominan sobriamente *geoformas*. Las geoformas, de colores blanco, amarillo, anaranjado y rojizo en función del pigmento mineral que tiña las paredes, pueden aparecer en la superficie de las rocas formando alvéolos, filigranas, nichos y cavidades, pero es en el interior de cuevas y abrigos donde alcanzan el mayor grado de delicadeza, como los llamados panales de abejas. Otras morfologías espectaculares recuerdan láminas de hojaldre, corales, gárgolas, barrocos cortinajes, cuerdas entrelazadas y delicados encajes.

Desde siempre, las formas inesperadas e insólitas en la naturaleza han causado asombro en los seres humanos. Las formas regulares, de ángulos iguales y simétricos, las formas esféricas perfectas, nos hacen pensar en la intervención de «alguien» que no es la naturaleza. Estas formas sugieren inconscientemente la existencia de un diseño y, por lo tanto, de una inteligencia. El ser humano, sin embargo, no es el único arquitecto y diseñador del planeta. Los pájaros construyen nidos redondos porque también son capaces de imponer orden en el mundo, las abejas construyen panales de celdas hexagonales perfectas, los castores levantan presas y construcciones de gran complejidad técnica... Pero el máximo asombro se apodera de nosotros cuando nos encontramos ante una forma circular perfecta en una roca, como en el caso de los paramoudras, o ante las celdas hexagonales de la arenisca, porque entonces la naturaleza nos ofrece ejemplos de diseño que no son resultado de un esfuerzo consciente ni de una inteligencia creadora. La causa de todas las formas de la naturaleza, ya sea en las rocas o en el hielo, se descubre si examinamos las fuerzas que actúan sobre ellas, interna o externamente. Los copos de nieve tienen forma de prismas hexagonales porque las moléculas de agua al enlazarse forman hexágonos y las caprichosas formas de Jaizkibel son resultado de la meteorización. La alta solubilidad del carbonato cálcico que compacta los granos de la arenisca hace que se erosionen fácilmente a causa del agua de lluvia y la brisa marina. Los granos de arena de la roca se disgregan y lo que antes era un estrato macizo se llena de oquedades, dando lugar a formas y texturas de gran belleza.

Durante miles de años los observadores de la naturaleza estuvieron intrigados por la forma hexagonal de los panales de abejas. El matemático griego del siglo IV Pappo de Alejandría se dio cuenta de que la abeja tiene una serie limitada de opciones para lograr que las celdas encajen sin crear huecos: el triángulo, el cuadrado o el hexágono. Las abejas se «decidieron» por el hexágono, que casualmente es la forma más práctica, económica y eficiente porque exige la menor cantidad de cera y trabajo para obtener la misma cantidad de espacio destinado a la miel. Lo que resulta evidente es que sepamos o no la causa de que «alguien» o «algo» haya creado algo hermoso no mermará ni un ápice el placer y el asombro del observador, o, en palabras de Victor Hugo, que también recorrió con entusiasmo los acantilados de Jaizkibel en el verano de 1843: «Siempre que la naturaleza muerta parece vivir, nos conmueve con una extraña emoción». Un girasol seguirá siendo un girasol y la distribución de sus semillas igual de bella y ordenada, sepamos o no que se corresponde con la «sucesión de Fibonacci», una construcción matemática descubierta en el siglo XII por Leonardo de Pisa, conocido como Fibonacci, que aparece en multitud de formas y fenómenos de la naturaleza: en las hojas alrededor del tallo de las plantas, en los pétalos de muchas flores, en una estrella de mar, en las piñas de las coníferas, en una galaxia en espiral. La naturaleza está impregnada de geometría y presenta formas simétricas a todas las escalas, en todos los niveles de organización, desde la más diminuta molécula hasta un colosal cúmulo de galaxias. Formas que se pueden explicar con el lenguaje matemático, considerado por muchos como el lenguaje de la belleza.

El día avanzaba mientras nosotros subíamos promontorios y bajábamos a las calas, sin dejar de ver ninguno de los hitos del recorrido, como «la concha», «las habitaciones», «el sarcófago», el «laberinto blanco» y más y más filigranas y construcciones fantásticas en las rocas. Debo confesar que cuando subía la enésima pendiente a la caída de la tarde mi capacidad de asombro estaba bajo mínimos y en lo único que se concentraba mi mente era en la tortilla de patatas que Menci llevaba en la mochila.

Pero entonces llegamos a Labetxu... Bajo la dorada luz del atardecer aquel lugar conocido como el «valle de los colores» no parecía de este mundo (véase imagen 7). La naturaleza se ha entretenido allí en «pintar» grandes murales de intensos colores rojos, naranjas, ocres..., salpicados de detalles en amarillo, verde, rosa o malva, componiendo exquisitas obras de arte abstracto. De entrada se me antojó una ciudadela mágica de la que aquellos bloques de piedra de colores eran las murallas y las grandes y oscuras oquedades, las puertas de entrada. Lo onírico del lugar, unido a la gran soledad que rezumaba, lo convertían en un sitio insólito para pasar la noche. Afortunadamente el tiempo era ahora apacible, el mar se había calmado y lo único que nos quedaba por hacer era instalarnos lo más cómodamente posible para cenar y colocar nuestros sacos de dormir. Devoramos más que comimos todo lo que iba saliendo de las mochilas mientras contemplábamos la puesta de sol y comentábamos las incidencias de la jornada. A la hora de dormir me negué a hacerlo en las losas de piedra que Beltri había elegido en «primera línea de mar» y opté por acurrucarme sobre la hierba y buscar protección entre dos grandes peñascos, muy cerca de un lugar donde suelen refugiarse las ovejas. Soy de las que todavía sueña con grandes serpientes que surgen del mar, así que me negué en redondo a ponérselo tan fácil a los monstruos marinos. En cuanto terminé de subir la cremallera de la funda de vivac me quedé profundamente dormida. Creo que no me dio tiempo ni de desear las buenas noches a mis compañeros, que para entonces habían optado también por un acomodo tierra adentro y se habían instalado no lejos de mí. El paisaje influye directamente en nuestros pensamientos y los conforma. Lo pude comprobar cuando aquella noche me desperté y me quedé sin aliento al contemplar sobre mí el maravilloso espectáculo de la Vía Láctea.

Los astrónomos creen que hay más de dos billones de galaxias o «universos isla», de las que la Vía Láctea no es ni siquiera la más grande. También dicen que el universo se inició en un punto geométrico de ese inconmensurable espacio, un «átomo primigenio» que estalló gloriosamente y que ha estado expandiéndose desde entonces. Metida en mi saco y tapada hasta los ojos no pude evitar reflexionar sobre el tiempo, aunque sólo fuera durante los breves instantes que tardé en volver a dormirme. La luz de aquellos millones de estrellas había viajado durante enormes períodos de tiempo antes de llegar hasta mí, y las rocas que me rodeaban, más misteriosas si cabe recortadas en la oscuridad, habían sufrido procesos larguísimos hasta obtener su forma actual. En comparación con ello la fugacidad de la vida humana puede resultar aterradora. Pero mientras escuchaba la tranquila respiración de Menci descansando a mi lado también fui consciente del enorme privilegio de estar viva, y por muy fugaz que fuera mi existencia, me sentí afortunada por estar allí en aquel momento. Sonriendo y con una sensación profundamente estimulante volví a sumirme en el sueño. La humedad y el frío del amanecer nos despertaron cuando las primeras luces asomaban tímidamente en el horizonte. Recogimos a toda prisa nuestro pequeño campamento y nos pusimos en marcha deseosos de entrar en calor. Mientras subíamos el primer sendero empinado de la jornada para alcanzar el siguiente valle me volví para contemplar por última vez Labetxu, todavía cubierto por las sombras. El escritor y gran caminante británico Robert Macfarlane dice que no conoces bien un lugar hasta que no has dormido en él. Yo me marché de aquellos bellos y misteriosos acantilados con la misma extrañeza que a mi llegada, sintiendo que era un lugar en el que la presencia humana estaba de más.

UN VISTAZO AL ULTRAMUNDO DE JAIZKIBEL

Cuando el sol comenzó a calentar nos detuvimos a desayunar las pocas provisiones que nos quedaban en un bosquecillo de melojos, una especie frugal de roble que se contenta con suelos pobres y poca humedad. Nuestra siguiente parada fue en una fuente para asearnos un poco y rellenar las cantimploras. El camino hasta Pasajes era largo e íbamos a necesitar hasta la última gota. Tras atravesar la larga playa rocosa de Tximistakurratua (otro nombre estupendo) llegamos a Azabaratza, una ensenada con restos de una vieja industria de recogida de algas rojas (*Gelidium sesquipedale*), abundantes en zonas muy expuestas al oleaje y de las que se extrae el agar-agar. Allí nos aguardaba la losa inclinada que tanto me había inquietado mientras preparaba la caminata y que atravesamos sin ningún problema. Los acantilados de Jaizkibel se han ido plegando de este a oeste formando valles en acordeón o en *chevron* según el término técnico, y a medida que avanzábamos hacia Pasajes las pendientes y las bajadas se iban haciendo más pronunciadas. Era el tramo «rompepiernas» que mencionaba mi guía y doy fe de que era rigurosamente cierto. Esta última parte de los acantilados de Jaizkibel discurre a mayor altura y el sendero ya no desciende hasta la orilla. Proporciona, en cambio, una espectacular perspectiva de las imponentes plataformas rocosas que se hunden en diagonal en el mar. En el camino avisté fugazmente un lagarto verde que se ocultó a toda prisa de mi vista. Este encuentro me hizo recordar al lagarto verdinegro que vi dos meses antes en el sendero litoral, entre San Juan de Luz y Hendaya. Pese al nombre de verdinegro, lo que impacta de este lagarto es su cabeza de un maravilloso color turquesa que revela su condición de macho en celo en busca de una hembra. He leído en algún sitio que el último lagarto verdinegro fue avistado en Jaizkibel hace treinta años y que posiblemente fue expulsado de aquí por la abundancia de su competidor natural, el lagarto verde.

En este tramo hay menos profusión de formaciones pétreas caprichosas y uno se puede concentrar más en lo que podríamos llamar el «ultramundo», todo aquello que suele escapar a nuestra percepción porque solemos estar demasiado absorbidos por las cuestiones humanas. El ultramundo se encuentra cerca de nosotros y sólo hace falta aprender a verlo. Se trata del mundo de las aves, de las pequeñas criaturas y plantas que pueblan los bosques, los matorrales, los jardines, las cunetas, las rocas, el aire y la orilla del mar. Para introducirse en él se requiere paciencia, silencio y, a ser posible, permanecer inmóvil durante largos períodos de tiempo, actividades que no cuentan con muchos seguidores en estos tiempos acelerados. Aunque el ultramundo suele estar a tiro de piedra del asfalto, de los vehículos y del ruido, la mayoría de las personas permanece ciega ante él y no le presta atención. Casi todos los encuentros que he tenido en mi vida con algunos habitantes del ultramundo han sido inesperados y sumamente fugaces. Recuerdo uno en especial que tuvo lugar mientras caminaba por los jardines Herrenhäuser en Hannover. Me había internado en un bosquecillo en busca de unos árboles centenarios cuando me encontré «cara a cara» con un encantador ratoncito de campo. En lugar de salir despavorido ante la presencia de un gigante se quedó mirándome tranquilamente con suma atención y así permanecimos durante lo que me pareció una eternidad, hasta que ese ser diminuto se aburrió y decidió continuar con sus tareas. Es el recuerdo más nítido que conservo de mi visita a esa ciudad alemana. Otro encuentro más triste tuvo por protagonista a un zorro. Era pleno invierno y yo regresaba a casa después de una excursión por una montaña cercana. En un recodo del camino apareció un zorro famélico o quizá enfermo. Supuse que el hambre le había impulsado a salir del bosque y mostrarse ante un humano en pleno día. Pero yo no llevaba nada de comida y no le pude ayudar. Siempre que paso por aquel lugar recuerdo con pena su mirada lastimera. Aunque solemos pensar que nosotros somos los observadores, los animales, por la cuenta que les trae, nos vigilan más atentamente que nosotros a ellos.

En Jaizkibel viven muchos animales, reptiles, anfibios e insectos, aunque en general no los vemos. Las aves son más fáciles de percibir cuando están en pleno vuelo o, como las gaviotas o los cormoranes, descansan en las rocas o en los acantilados. Un residente permanente de Jaizkibel es el halcón peregrino. Considerado el animal más veloz de la Tierra, ya que llega a sobrepasar los trescientos kilómetros por hora en sus vuelos en picado, estuvo a punto de desaparecer en la década de los cincuenta y los sesenta del siglo pasado a causa del uso indiscriminado del DDT. Afortunadamente ahora se está recuperando y es posible verlo surcando incluso el cielo de las ciudades. Las plantas suelen llamar nuestra atención menos que los animales cuando caminamos por el campo, pero a nada que nos fijemos un poco en ellas resultan fascinantes. En Jaizkibel, en los terrenos más cercanos a la línea costera, viven auténticas pioneras, plantas de aspecto humilde capaces de resistir el aire salino, el viento y la falta de agua dulce, como el hinojo marino y el llantén de mar que almacenan el agua en sus gruesas hojas para resistir en ambientes extremos. En las praderas herbosas más altas, por donde discurre el sendero, viven pequeñas gramíneas resistentes a la sequía provocada por la salinidad del aire y los fuertes vientos, como la *Festuca rubra*; también hay plantas con flor como la *Anthyllis vulneraria*, cuyo epíteto latino denota su capacidad de curar heridas, o como el clavel marino, *Armeria euscadiensis*, endémico de la costa vasca y de clara vocación marina, ya que no se extiende más que hasta donde llega la influencia del agua salada del mar. Por el camino también encontramos asfódelos, una planta que siempre me traslada a Grecia y que para mí es una de las imágenes del Mediterráneo. En la *Odisea* de Homero los asfódelos aparecen cubriendo una pradera durante la visita de Ulises al Hades. Aunque no pudimos verla, en las zonas más húmedas de Jaizkibel vive la *Drosera rotundifolia*, una pequeña y solitaria planta carnívora que se alimenta de insectos a los que atrae con sus hojas de intenso color rojo y con las gotitas brillantes de mucílago, una sustancia dulce y pegajosa en la que quedan atrapados sin posibilidad de escapatoria. Estas plantas evolucionaron a carnívoras para adaptarse a un hábitat demasiado pobre en nutrientes por lo que desarrollaron la capacidad de obtener alimento de pequeños insectos. Cuando los insectos quedan atrapados en las secreciones pegajosas de sus hojas, sus frenéticos movimientos para liberarse hacen que los pelos próximos se adhieran a sus cuerpos, quedando más atrapados todavía. Las plantas, o mejor dicho sus semillas, son grandes viajeras. Millones de ellas viajan por el aire o han desplegado estrategias para hacerse transportar por animales o seres humanos. Así habrían llegado hasta Jaizkibel los grandes macizos azules de *Hydrangea macrophylla*, las bonitas hortensias de los jardines que salpicaban el paisaje y ponían una nota doméstica en aquel agreste paisaje.

Hacia el final de la mañana el calor apretaba, la mochila me pesaba, tenía sed y mis piernas parecían de plomo. Cuando me detuve a tomar aliento, un grupo de gaviotas se elevó graciosamente desde el acantilado y emprendió el vuelo en dirección a Pasajes, adonde supuse llegarían en dos minutos. A nosotros nos quedaba aún una hora larga de camino. Me sentía torpe y pesada, y percibía la fuerza de la gravedad como un tirante de hierro que me ataba a la tierra. Ascendí resoplando y arrastrando penosamente los pies desde el fondo del valle de Grankanto hasta la pradera herbosa de Mitxintxola, «una meseta paradisíaca para las piernas torturadas del caminante», según decía acertadamente mi guía. Mientras descansábamos sobre la hierba comentamos la amenaza que pende sobre estos agrestes acantilados en forma de proyecto de construcción de un puerto exterior, centrales térmicas y el consiguiente tráfico de mercancías. Esperemos que todo quede reducido a eso, un descabellado proyecto más, y que la Red Natura 2000 de la Unión Europea acepte declarar a esta zona «entorno marítimo protegido» para que los acantilados de Jaizkibel entren en la lista de acantilados gloriosos de Europa, como la Costa Jurásica de Dorset y los acantilados blancos de Dover; la costa bretona o la costa de creta blanca de la isla de Rügen en el mar Báltico.

Por fin llegamos a una cresta de arenisca desde la que se divisaba toda la bocana del puerto de Pasajes. Me resulta difícil describir con palabras la belleza de aquella visión. Afortunadamente puedo tomarlas prestadas del libro de Victor Hugo *Viaje a los Pirineos y los Alpes*, en el que relata así su primera impresión de aquel lugar:

> Una cortina de altas montañas verdes recortando sus cimas sobre un cielo resplandeciente [...] y en ese cielo, una vida, un movimiento, un sol, un azul, un aire y una alegría inexpresables; eso es lo que tenía ante mi vista.

ENCUENTRO CON EL VERANO

Desde nuestra atalaya en la Cresta del Gallo, antesala para iniciar el descenso en picado hasta Pasajes, parecía que alguien hubiera sacado brillo al mundo en aquel comienzo de tarde de verano. Había llegado el momento de abandonar Jaizkibel, pero lo que se divisaba era tan hermoso e invitador que, pese a las quejas de nuestros músculos, iniciamos el descenso con fuerzas redobladas. Si hay algo que uno aprende caminando es a deleitarse con poca cosa, de modo que el chiringuito que nos salió al encuentro nada más doblar la primera curva del muelle superaba todas nuestras expectativas. Mientras nos acercábamos sudados, polvorientos y, sobre todo, hambrientos y sedientos, estaban colocando en la barra, junto a los manjares típicos de cualquier taberna vasca, una bandeja de croquetas caseras recién hechas. También había agua, agua en abundancia. Nos aposentamos en una mesa de madera de bancos corridos frente al mar y durante un rato comimos y bebimos en silencio hasta que no pudimos más. O al menos yo lo hice en silencio mientras mis compañeros charlaban y comentaban animadamente las incidencias de la travesía. Debido quizá al profundo cansancio, cuando nos pusimos de nuevo en marcha, me recuerdo a mí misma en estado de trance. Mientras atravesábamos la única calle de Pasajes, yo caminaba como en sueños, consciente de lo que me rodeaba, pero en un estado de profunda relajación; los sonidos me llegaban amortiguados, como si vinieran de muy lejos. Era una sensación muy placentera. Un estado de ensoñación lúcida y tranquila semejante al que se describe en el Yoga Nidra. Cuando llegamos a la única plaza del pueblo camino del embarcadero, el «verano» me salió al encuentro encarnado en los vivos colores de las casas, en la placidez de las personas que tomaban café en las terrazas, en el mar que rielaba, en el cielo de un perfecto azul y, sobre todo, en los niños y adolescentes que, entre gritos y risas, se lanzaban una y otra vez al agua desde el malecón, como lo habían hecho generaciones y generaciones de niños antes que ellos en aquel mismo lugar en una tarde parecida de verano. Una niña, recién salida del agua, me adelantó anadeando y caminó desmañadamente unos metros delante de mí hasta que se lanzó de nuevo al mar. Durante unos instantes yo fui también aquella niña un poco patosa con su bañador violeta que se lanzaba al agua entre gritos de alegría durante los interminables y despreocupados días de la infancia.

EL GUARDIÁN DE LOS CAMINOS

Un transbordador nos llevó hasta Pasajes de San Pedro, al otro lado de la bocana del puerto. Pasajes (Pasaia en euskera) es un lugar clave en la historia marítima del País Vasco. Este fiordo resguardado entre montañas constituye un magnífico puerto natural desde el que zarparon expediciones pesqueras a Terranova en busca de ballenas y bacalao, así como navíos comerciales con rumbo a América y Filipinas. También fue sede de algunos de los mejores astilleros del mundo en los que aún hoy se sigue construyendo barcos según los métodos tradicionales.

Ahora tocaba atravesar la montaña de Ulía para llegar a San Sebastián. Frente al faro de la Plata, construido contra las paredes casi verticales del acantilado, Beltri, nuestro guía y ya para entonces amigo, decidió tomar el GR 121 en lugar del sendero litoral, más espectacular pero de nuevo un continuo «sube-y-baja». Así es como conocí la obra y la historia de Josetxo Mayor, el guardián de los caminos de Ulía. Este jubilado donostiarra lleva más de veinte años recuperando y cuidando los senderos y árboles de la montaña. Lo que comenzó como una labor fruto de la nostalgia al descubrir que todos los viejos caminos de su infancia habían desaparecido bajo la maleza, se convirtió en la obra de su vida al jubilarse. Él solo, sin la ayuda de máquinas ni herramientas sofisticadas, ha recuperado la red de senderos que comunicaban todas las zonas de Ulía. Gracias a Josetxo pudimos recorrer el precioso sendero que desde el faro de la Plata discurre a media ladera hasta la punta Mompás, cerca de San Sebastián. Josetxo se preocupa también por los árboles. Ha desbrozado y librado el terreno de zarzas para que los olmos, robles, pinos y madroños crezcan con más fuerza y sigue de cerca el desarrollo vital de cada uno. Incluso llegó a practicar una nueva curva en el sendero para que los caminantes no se agarraran y dañaran las ramas de un castaño demasiado cercano. Josetxo tampoco se ha olvidado del bienestar de quienes caminamos: ha suavizado para nosotros pendientes pronunciadas construyendo tramos de escaleras; ha hecho levantes, amontonando tierra y revistiéndola con losas para salvar las hondonadas, y, en los lugares estratégicos, ha colocado losas de piedra sobre las que descansar y saborear la quietud del bosque. En un pasaje de su libro *Cuidadores de mundos* Ander Izagirre describe maravillosamente al personaje:

> Josetxo camina por sus dominios explicando la minúscula historia de cada arbusto, cada piedra, cada rincón. Nombra los árboles como si los saludara: álamos temblones, abedules, fresnos, robles, rebollos, pinos. Le gustan mucho los helechos reales, que en las zonas más sombrías flanquean el sendero con sus matas espesas y elegantes, y le maravillan los lirios del Pirineo, especie protegida que de tanto en tanto asoma entre los arbustos unos racimos de flores amarillas.

Aunque de carne y hueso, Josetxo Mayor pertenece a la amplia estirpe de espíritus protectores de los caminos y encrucijadas, los «lares viales» y «lares compitales» de los romanos. El emperador Augusto mandaba colocar en lugares señalados altares en su honor y bancos para reposar el cuerpo y serenar el espíritu. Los esfuerzos de Josetxo Mayor por el bienestar de los caminantes y de otros habitantes de la montaña de Ulía también han sido reconocidos por el Ayuntamiento de San Sebastián, que en 1995 le concedió la medalla al mérito ciudadano y, de paso, le regaló algo mucho más útil: una desbrozadora para que continuara con su meritoria y callada labor.

Josetxo Mayor tuvo un precursor en la figura de Claude-François Denecourt, un soldado napoleónico que tras licenciarse del ejército consagró su vida y sus ahorros a cuidar y señalizar los senderos del bosque de Fontainebleau. Este militar autodidacta que aprendió a leer y a escribir después de los veinte años, descubrió en 1832 la belleza de esos bosques cercanos a París y quiso darla a conocer a los demás. Escribió una pequeña guía acompañada de un mapa que tuvo un gran éxito (once ediciones, y siguió publicándose después de su muerte) y se ocupó de trazar y abrir caminos por el bosque con permiso de las autoridades de París. El resultado fueron ciento cincuenta kilómetros de senderos señalizados mediante flechas azules, así como fuentes, grutas y una torre de observación, el Fuerte del Emperador, hoy rebautizada como Torre Denecourt. También señaló los árboles, rocas y vistas más notables. En 1855 los escritores más famosos de Francia (Lamartine, Hugo, Sand, Musset, Beaudelaire, Gautier…) le rindieron un homenaje con una recopilación de textos que lleva el nombre de «Sylvain» o Silvano, espíritu tutelar de campos y bosques en la mitología romana.

Hacia el final de la tarde nuestro recorrido llegó a su fin y enfilamos la pronunciada pendiente de la calle Zemoría en la que nació Josetxo Mayor hace ochenta años. Desembocar en el barrio de Gros en San Sebastián fue como si me deslizara por un tobogán y atravesara de nuevo el espejo. En el mundo real, Juan Pedro, el marido de Menci, esperaba sonriente a nuestra expedición. Mientras saboreábamos una merecidísima cerveza, Beltri nos comunicó los datos técnicos: treinta y cuatro kilómetros de recorrido y dos mil ciento sesenta metros de desnivel acumulado según su GPS. «¡Y treinta y cuatro horas!», añadió Menci. «Ése es el tiempo que hemos estado "dentro"». «¿Dentro de qué?», le pregunté. «De una burbuja. Siento que todo ese tiempo he estado dentro de una burbuja y que no existía el mundo exterior». Me costó decir adiós a nuestro pequeño grupo y durante los días que siguieron permanecí bajo el influjo de aquellos paisajes. En su magnífico e inspirador libro *The Old Ways* ('Los viejos caminos'), Macfarlane escribe sobre la persistente presencia y la huella indeleble que algunos paisajes dejan en nosotros. Aunque tendemos a pensar que el paisaje nos afecta más cuando estamos inmersos en él, cuando podemos verlo y tocarlo, también están los que permanecen en nuestra memoria y perduran en nosotros por muy lejos que nos encontremos de ellos. Éstos son quizá, los paisajes en los que realmente habitamos y en los que incluso podemos llegar a encontrar consuelo en momentos de aflicción, por muy deformados que estén por el tiempo y desgastados por la distancia. En mi memoria las rocas de Jaizkibel y los bosques y senderos de Ulía siempre pertenecerán a esa categoría de paisajes.

3

LA ORILLA DEL MAR, EL TERRITORIO DE LO EFÍMERO

DE SAN SEBASTIÁN A DEVA

> Para ver un mundo en un grano de arena
> y el cielo en una flor silvestre,
> abarca el infinito en la palma de tu mano,
> y la eternidad en una hora.
>
> WILLIAM BLAKE,
> «Augurios de inocencia»

UN MUNDO MARGINAL EN PERPETUO CAMBIO

Si cierro los ojos y evoco la orilla del mar, lo primero que me viene a la mente es un olor. Es el olor a «marea baja» de los veranos de mi infancia, percibido cuando de la mano de mi madre recorría el paseo marítimo de un pueblo costero, camino de la playa. Los olores perduran en nuestra memoria mucho más que nuestros actos. Ese punzante olor a mar que se elevaba desde la orilla impregnando el ambiente con una mezcla de salitre, yodo, algas y plancton, me sigue resultando, aún hoy, irresistible y cargado de promesas.

La orilla del mar es el *limes* por excelencia, la frontera entre la tierra y las aguas, el umbral y acceso a otro mundo, a otra dimensión. La línea costera siempre ha ejercido una profunda fascinación en los humanos, atracción que proviene del recurrente flujo y reflujo de las mareas, del ir y venir del oleaje con sus incesantes ritmos, cambios, conflictos y belleza. Cuando nos aproximamos a la costa con la marea baja, entramos en un mundo marginal, el primigenio lugar de encuentro de la tierra y el agua que no deja de transformarse un solo instante. El abrupto trazado de la costa vasca no siempre permite caminar junto a la línea costera. Cada vez que regresaba de una obligada incursión por el interior y me reencontraba con el mar tenía que hacer un alto (véase imagen 1). Aunque mis piernas estuvieran deseosas de continuar y de mantener el ritmo, me quedaba quieta y silenciosa durante unos momentos, contemplando el espectáculo, detectando el murmullo de las olas y aspirando el olor del mar, como si algo en mi interior aplicara un freno visceral. Sentimos quizá una atracción atávica por el mar porque la primera forma de vida, de la que provenimos todos, surgió en él. Además de fuente de riqueza y sustento, el mar ha sido cuna de monstruos, escenario de tormentas y naufragios y puerta de entrada de invasores. Las atalayas o torres de piedra que jalonan todas las costas son testigos de tiempos en los que urgía otear y comunicar los avatares del mar.

Mientras recorría a pie la costa vasca tenía reciente la lectura de *The Edge of the Sea* de Rachel Carson. Esta bióloga marina, fallecida prematuramente en 1964, escribió cuatro apasionados libros sobre la costa atlántica de Estados Unidos. En su obra, Carson señala que cuando uno se adentra en el ámbito de la orilla del mar se interna en el territorio más cambiante de la tierra, habitado por algunas de las criaturas más resistentes y esforzadas de cuantas existen en el planeta. Carson me había preparado para comprender mejor el mundo de la orilla, ese escenario fugaz que se revela entre dos mareas y que en pocas horas vuelve a quedar cubierto por el agua. En sus potentes relatos, ella me había instado a sentir los largos ritmos de la tierra y el agua que han esculpido las formas de la costa, las rocas y la arena que la componen; a detectar el latido de la vida que surge por doquier en forma de plantas y animales, y a cambiar el frío enfoque clasificador al recoger una concha vacía y asignarle un nombre por una comprensión intuitiva del ciclo vital de la criatura que una vez la habitó: cómo sobrevivió en medio del oleaje y las tormentas, cuáles fueron sus enemigos, cómo se alimentaba y reproducía y cómo se relacionaba con los otros habitantes del medio marino que frecuentaba. Gracias a Rachel Carson un paseo por la playa con la marea baja llegó a transformarse en una experiencia emocionante en la que no estaba ausente el drama y un extraño lirismo.

Pero, sobre todo, Rachel Carson me enseñó a contemplar la orilla del mar como un lugar hermoso y mágico, sometido a eterna agitación. La línea costera cambia de un día para otro. Nunca recorremos la misma playa. Las aguas del mar avanzan y retroceden al ritmo de las mareas; el nivel del mar aumenta o disminuye a medida que los glaciares crecen o se funden..., la orilla del mar es y será siempre una frontera esquiva e indefinible. Y también ambigua, porque pertenece a dos mundos: el terrestre y el marino. En un territorio tan cambiante, sólo las plantas y los animales más resistentes y adaptables pueden sobrevivir, y lo hacen ocupando hasta el último nicho concebible: tapizando las rocas, ocultándose en grietas y fisuras o en la oscuridad de las cuevas marinas, cavando túneles en la arena o perforando la dura roca. Es un mundo para valientes.

Recorrer una costa rocosa cuando se ha retirado la marea me sigue deleitando tanto como cuando era pequeña. Igual que entonces, me puedo pasar las horas examinando los charcos intermareales—relucientes como espejos y misteriosos como pequeños jardines acuáticos—que el mar ha formado en su provisional retirada. Estos charcos o pozas de marea albergan criaturas capaces de resistir al oleaje, las corrientes, la insolación y la pérdida de humedad. Son los erizos, estrellas de mar, mejillones, caracoles marinos, percebes, anémonas, cangrejos, lapas, algas, quisquillas, gusanos... y muchísimos más. Todo y todos están íntimamente relacionados en este agitado hábitat intermareal: las olas despegan mejillones y los arrastran al mar, las gaviotas arrancan erizos y los dejan caer para romperlos, la estrella de mar devora mejillones y a su vez es comida por las gaviotas, las anémonas de mar comen caracoles y cangrejos y viven en simbiosis con un tipo de alga que fabrica alimento para ellas... El apasionado Goethe, al contemplar a un habitante de la playa, exclamó: «¡Qué delicioso y magnífico, qué cosa tan grandiosa es un ser vivo! ¡Qué adecuado a su estado, qué verdadero, qué pertrechado de ser!».

Aristóteles fue uno de los primeros en estudiar detenidamente los animales y plantas que viven en la orilla del mar. Alejado de la Academia de Atenas por cuestiones políticas, el filósofo buscó refugio en Aso, ciudad griega de la costa jónica, hoy turca. Allí, no sólo se casó y tuvo una hija, sino que se dedicó con pasión al estudio de los seres vivos, convirtiéndose en uno de los primeros naturalistas de Occidente. Me gusta imaginar a Aristóteles recorriendo la costa, metiéndose en el agua, nadando, charlando con pescadores y examinando las capturas de los barcos que regresaban de pescar o yendo al mercado para obtener especímenes de pulpos y de crustáceos, para luego examinarlos detenidamente en casa. Aristóteles fue uno de los primeros en reparar en las extraordinarias formas y características de las espículas de los erizos, los brazos de la estrella de mar o los ojos del pulpo. Cuando se trasladó con su familia a Mitilene, capital de Lesbos, isla que contemplaba cada día a lo lejos durante los dos años que pasó en Aso, prosiguió con los estudios biológicos y escribió dos obras sobre la morfología, el movimiento y la locomoción de los animales. Aristóteles no olvidó en sus observaciones a la humilde lapa, ese primitivo caracol marino poseedor de una concha parecida al sombrero de un culi chino que le permite resistir sin problemas los embates del oleaje más violento. También observó que abandonan sus puestos en las rocas con la marea alta para ir a ramonear algas y que regresan a su «casa» siempre por el mismo camino siguiendo el rastro de humedad que van depositando.

Charles Darwin, además de engendrar diez hijos y desarrollar la teoría de la evolución de las especies que pondría patas arriba el mundo de la biología y de las creencias religiosas de Occidente, dedicó ocho años de su vida al estudio de otra brava especie que habita en las rocas más expuestas al oleaje, los cirrípedos, vulgarmente conocidos como percebes. En dos gruesos volúmenes que le valieron la medalla de la Royal Society, Darwin se dedicó a analizar hasta la última minucia que atañe a estos seres y descubrió, entre otras muchas cosas, que eran hermafroditas. Aunque han sido esquilmados por pescadores furtivos y recreativos, pude encontrar algunas colonias de estos crustáceos mientras recorría los acantilados más solitarios de la costa vasca. Con la marea baja las rocas cubiertas de percebes se asemejan a un inerte paisaje mineral esculpido por miles de conos puntiagudos. Dentro de la coraza calcárea compuesta de seis placas perfectamente ajustadas formando un círculo, habita, cabeza abajo, una solitaria criatura que recuerda a una gamba rosada, firmemente soldada a la roca mediante un pedúnculo y que se alimenta de plancton y de otros seres microscópicos que le aportan las olas. En algunas rías de la costa vasca también habita un tipo de percebe llamado *Elminius modestus* que llegó a Europa durante la Segunda Guerra Mundial como polizón a bordo de barcos procedentes de Asia y el Pacífico y que desde entonces ha ido avanzando por aguas vascas a un ritmo de entre diez y veinte kilómetros al año.

Algunos de mis encuentros con seres de la orilla tuvieron un cariz un tanto íntimo, como cuando me descalcé y me remangué los pantalones para meterme en un charco de marea. Al poco de haber entrado en el agua sentí que algo tocaba insistentemente mi pie y mi pierna. Bajé la vista y descubrí un pequeño pulpo, dedicado con gran concentración a explorar mis apéndices. Yo a mi vez pude contemplar a mis anchas cómo cambiaba de color según incidiera la luz en el charco y cómo movía y contraía los tentáculos, hasta que debió de aburrirse y se escabulló en una grieta cercana a la espera de algo más interesante. Seguí avanzando por el charco y me encontré de sopetón con un cangrejo violinista, esos que tienen una pinza mucho más desarrollada que la otra, caminando a toda prisa sobre una roca. Se quedó paralizado y yo con él, y así permanecimos unos instantes, hasta que un pequeño movimiento mío le hizo salir disparado a tal velocidad que me hizo pensar en los cangrejos «jinetes de caballería» que habitaban en las costas de Fenicia citados por Aristóteles y «tan rápidos de movimiento que eran muy difíciles de atrapar».

No soy la única a quien producen gozo los charcos de la marea baja; de mi perro he aprendido que una pequeña charca cercana a casa formada por las fuertes lluvias de otoño puede resultar tan fascinante como el lago Victoria, y aunque la mayoría de personas puede relacionar a percebes, cangrejos, pulpos y otros habitantes de la orilla con la barra de una marisquería gallega, para mí esos pequeños encuentros, esos momentos fugaces de contacto con otras especies y la exploración de los deliciosos charcos de la orilla me confirman que el olor a marea baja sigue estando cargado de promesas.

Las playas o arenales son vastos depósitos de sedimentos rocosos y organismos marinos que vivieron y murieron en contacto con las olas. Solemos pensar en las rocas como en símbolos de la dureza y la perdurabilidad, y, sin embargo, hasta la más dura de ellas terminará por hacerse pedazos y desintegrarse por la acción de los elementos. Pero un grano de arena es casi indestructible. Es el producto definitivo de la labor del oleaje, el diminuto núcleo duro de mineral que perdura tras años y años de pulverización y pulido. Los granos de arena mojada están rodeados—por atracción capilar—de una fina película de agua cuyo efecto protector hace que ni siquiera los más violentos embates del mar puedan provocar que se rocen y desgasten. El proceso de avance y retirada de las olas por efecto de las mareas compone, además, hermosos e intrincados dibujos en la arena, convirtiendo cada playa en una fascinante exhibición de efímeras obras de arte, perpetuamente creadas y destruidas por el mar.

En nuestra cultura las playas son lugares populares de ocio estival. Pero no siempre ha sido así. Hasta bien entrado el siglo XIX las playas fueron territorios de trabajo, sucios y con gran frecuencia malolientes, frecuentados por pescadores de a pie, mariscadores, recolectores de algas, gente humilde en general que extraía duramente su sustento del mar. Armados de palas, tridentes, rastrillos, redes, ganchos y bastones, con las piernas desnudas o metidos en el agua hasta la cintura, hombres, mujeres y niños recorrían la arena, peinaban las rocas, echaban las redes, recogían madera y toda clase de desechos útiles arrastrados por el mar, cazaban aves marinas o extraían sal por lixiviación de la arena. Si nos pudiéramos asomar a una de aquellas playas, contemplaríamos un espectáculo industrioso, muy diferente del actual: carretas de bueyes internándose en el agua para acarrear algas, barcas varadas esperando salir a faenar, carpinteros de ribera construyendo naves, artesanos produciendo brea en humeantes tinajas para calafatear las embarcaciones, cesteros, pescaderas, bateleras y barqueras, mujeres que, a diferencia del recato que se exigía a las burguesas y otras damas de alcurnia, mostraban las piernas y otras partes de su anatomía por las duras condiciones en las que debían trabajar.

El romanticismo hizo una lectura de los «pueblos de las orillas» llena de nostalgia. El poeta alemán Heine sufría por la pérdida que presiente de la autenticidad de esas gentes, vestigios de la edad de oro, al igual que Victor Hugo se lamentaba de la desaparición de los pescadores de Biarritz. El buen salvaje es el habitante de las orillas que vive de lo que la naturaleza le proporciona a través del mar, la madre nutricia. El viajero romántico se deleitaba poblando las orillas de seres imaginarios, habitantes ancestrales de oscuros y heroicos orígenes: celtas, sajones, vascos, normandos son teñidos de un aura de salvajismo rousseauniano, mientras que los auténticos pobladores, los esforzados trabajadores del mar y sus orillas, quedan reducidos al papel de simples figurantes. Los pintores plasmaron en sus cuadros las transformaciones que experimentaba la orilla del mar en el imaginario colectivo. Los paisajistas holandeses de los siglos XVII y XVIII—como Jan van Goyen y su famosa serie de cuadros y dibujos sobre la playa de Scheveningen—, plasmaron con maestría la febril actividad de personas y bestias de carga en las playas del mar del Norte. Durante el siglo XIX los pintores románticos hicieron de las playas el escenario en que tenía lugar el espectáculo de la indistinción de los elementos: cielo, mar y arena se confunden en una dramática visión de la naturaleza de la que han desaparecido las fronteras. *La playa de Calais con marea baja* (1830) de Turner, representa esa fusión de cielo, mar y arena, pero en primer plano aparecen unas fantasmales figuras blancas: son mariscadoras recogiendo almejas, con el espinazo doblado y las piernas al aire, ajenas al sublime espectáculo que se despliega ante ellas. Y en *Playa con marea baja* (1833), del pintor francés Eugène Isabey, enamorado de la costa de Normandía y de sus gentes, el mar apenas se percibe a lo lejos, entre los acantilados. Lo que interesa al artista es plasmar la visión terrenal de las personas que viven, procrean y trabajan en este ambiente de barro, pescados muertos, utensilios, barcas y detritus de toda clase. Disfrutar de la orilla del mar fue algo inconcebible hasta bien entrado el siglo XIX. Lo que ahora son paseos marítimos, lugares acondicionados y domesticados para el placer, la conversación y la vida social, eran territorios salvajes, batidos por las olas, el viento o los rigores del verano y del invierno. A partir de 1845 los trabajadores del mar empezaron a desaparecer paulatinamente de los lienzos de los artistas, empujados por las clases acomodadas en las que había despuntado «el deseo de la orilla».

Como en tantas otras cosas en Occidente, griegos y romanos fueron pioneros en el disfrute de la orilla del mar. Desde Ostia hasta la costa amalfitana, en islas como Capri e Isquia, lejos de la agitación de la capital y de su turbulenta vida política, la aristocracia romana se hizo construir hermosas villas según modelos arquitectónicos griegos, que invitaban a disfrutar de la *amoenitas* del lugar y en las que el oído fuera acariciado por los ruidos agradables de la naturaleza: el murmullo de una fuente, el soplo del viento en los árboles, la rítmica percusión de las olas en la orilla, sin olvidar el placer de la arena escurriéndose entre los dedos, hundiéndose bajo los pies... En villas como la de Cicerón en Tusculum o en Cumas, la de Plinio el Joven en Laurentes, cerca de Ostia, o la villa sorrentina de Pollius Felix descrita por el poeta Estacio, se practicaba el «*otium cum dignitate*», expresión de Cicerón que significaba organizar el tiempo libre para la práctica de una actividad favorita, en su caso la escritura, evitando la pereza y el aburrimiento. También implicaba la lectura, pasear, cenar y reunirse con los amigos, meditar, hacer ejercicio, disfrutar del silencio de rincones recoletos y nadar.

El renacer del deseo por la orilla del mar, por el contacto con el agua, tan largo tiempo olvidado, tuvo su origen en el resurgimiento de otro invento greco-latino: la hidroterapia.

En el siglo XVIII algunos médicos ingleses escribieron tratados sobre las virtudes del agua fría para curar ciertas enfermedades que llegaron a ser muy populares. Pero fue Vincenz Priessnitz, un granjero de Gräfenberg, remoto rincón de Silesia en el Imperio austro-húngaro, quien puso de moda los spas (*Salutem per aquam*) en la primera mitad del siglo XIX. La leyenda cuenta que Priessnitz contempló de niño la progresiva curación de una corza, que acudía cada día a sumergir una pata lesionada en un manantial del bosque hasta sanar por completo. Él mismo sufrió un accidente a los dieciocho años a resultas del cual los médicos pronosticaron invalidez perpetua. Lejos de amilanarse, el joven Vincenz se sometió al método de curación tradicional de la región consistente en envolver los miembros lesionados en vendas de agua fría; al cabo de un año se le pudo ver trabajando de nuevo en la granja como si tal cosa. La noticia de su curación se difundió más allá de los confines de la región y al cabo de poco tiempo empezaron a acudir a él personas de toda Europa en busca de solución para sus males, incluidos miembros de la familia imperial. Ante el fulminante éxito, Priessnitz transformó la granja familiar, rodeada de bosques, colinas y manantiales, en el que llegaría a ser el balneario más próspero y renombrado de Europa.

Los métodos curativos empleados por Priessnitz no gozarían hoy de gran aceptación. Para enfrentarse a ellos había que tener la resistencia de los percebes a las olas y el estoicismo de las humildes lapas frente a los cambios de temperatura. Conocemos en qué consistía la cura natural de Priessnitz gracias al hilarante e irónico relato de un tal capitán Richard Claridge, alojado en el prestigioso establecimiento durante tres meses en 1841. Los pacientes disponían de espartanas habitaciones cuyas ventanas permanecían abiertas de par en par, fuera invierno o verano. Les despertaban a las cuatro de la madrugada para envolverlos de la cabeza a los pies en sábanas empapadas en agua fría. Una vez convertidos en momias, les dejaban sudar durante una hora para introducirlos a continuación en un baño de agua fría durante dos o tres minutos. A las seis de la mañana les obligaban a salir al exterior para caminar descalzos sobre la hierba (baños de rocío) y a su regreso les aguardaba el ansiado desayuno consistente en pan duro y algo de fruta. Tras un ligero descanso les animaban (es un decir) a caminar colina arriba para recibir una ducha fría en una cascada del bosque. Todo ello bajo la supervisión de un enfermero o, si el paciente era de alta alcurnia, de Priessnitz en persona. En el camino de vuelta eran conminados a beber vasos de agua en los manantiales; el número de vasos diarios recomendados oscilaba entre veinte y treinta. El resto de la mañana podía ocuparse en cortar leña o retirar la nieve acumulada en el patio. Antes de comer debían someterse durante un cuarto de hora a un baño frío de asiento, aunque también había baños de cabeza y hasta de ojos. El almuerzo consistía en col, pepinillos, una rebanada de pan y más vasos de agua. Luego había una siesta seguida de una nueva ducha en la montaña a las cuatro, un baño frío a las siete, cena de pan con mantequilla y un vaso de leche, y a la cama a las nueve y media, para volver a empezar de nuevo el suplicio a las cuatro de la madrugada. Ese mismo año mil quinientas personas, además de Richard Claridge, entre las que no faltaron miembros de la realeza, la aristocracia y la alta burguesía, se sometieron al tratamiento. En las filas de los desertores hubo un mexicano, llegado desde su lejano país para curar su dispepsia. El primer día de tratamiento salió huyendo y no se le volvió a ver nunca más. También se cuenta que un caballero se arrodilló ante Priessnitz y juntando las manos le recordó aterrorizado que tenía mujer e hijos.

Al cabo de tres meses de este régimen, Richard Claridge—convertido en un hombre nuevo—se despidió de Priessnitz y de Gräfenberg tras pagar una cuantiosa suma de dinero, ingerir más de mil quinientos vasos de agua y caminar más de mil kilómetros por las montañas. Pero eso sí, curado de la artrosis que le había mantenido casi paralítico en Florencia durante meses. Quedó tan encantado con los resultados de su estancia en Gräfenberg que a su vuelta a Inglaterra se dedicó a dar conferencias sobre los beneficios de la hidroterapia y escribió un tratado sobre la cura con agua fría que alcanzó gran popularidad. Hoy sigue existiendo el establecimiento de baños en Gräfenberg, conocido como la Universidad del Agua. En los jardines hay una estatua que representa a Priessnitz y el espíritu del agua fría. En una fecha tan cercana como 1997 uno de los pacientes trató de volarla.

¿Qué nos pasa cuando nos sumergimos en agua fría? La temperatura de nuestro cuerpo es regulada por el hipotálamo. Al entrar en contacto con el agua fría, la variación de temperatura se transmite a través de los sensores nerviosos de nuestra piel. No es casual que la zona del cuerpo con más cantidad de sensores sean nuestros pies. Una vez estimulado, el hipotálamo reacciona provocando la contracción de los vasos sanguíneos para desviar el flujo sanguíneo hacia los órganos internos y conservar el calor. También envía hormonas a la glándula pituitaria, que a su vez controla el funcionamiento de la glándula tiroides, páncreas, riñones, testículos y ovarios. Cuando te sumerges por completo en agua fría, tu hipotálamo envía señales al cuerpo para que modifique su metabolismo y se prepare para una situación de emergencia. En los países nórdicos se lleva practicando desde tiempos inmemoriales el baño en aguas heladas, combinado a menudo con su opuesto, el baño en agua caliente, o con la sauna. Entre los beneficios que se obtienen se cuentan la disminución de la presión sanguínea y del colesterol, el aumento de glóbulos blancos, la mejora del sistema inmunitario y el aumento de la producción de plasmina, una potente enzima que disuelve los coágulos sanguíneos causantes de infartos y derrames cerebrales. Al parecer también aumentan la producción de testosterona en los hombres y de estrógenos y progesterona en las mujeres, mejorando la fertilidad y estimulando la libido.

Ante el cúmulo de beneficios aportados por el agua fría, los médicos de la época no pudieron obviar el inmenso repositorio de virtudes curativas contenidas en el agua del mar y comenzaron a recetar «baños de olas». El rey Jorge III de Inglaterra fue quien sancionó los baños de mar cuando, por prescripción de su médico, se trasladó a Weymouth, en la costa de Dorset, en busca de alivio a su «inestabilidad psíquica». Cuentan las crónicas que cuando el rey se zambulló por primera vez en el mar una orquesta empezó a tocar los aires de «Dios salve al rey», marcando simbólicamente el inicio de la temporada de baños de mar en Europa. Esto sucedía en 1788. A partir de entonces y durante todo el siglo XIX la moda de bañarse en el mar resultó imparable. Primero la realeza, después la aristocracia y, tras ésta, la burguesía convirtieron la orilla del mar en escenario de prácticas saludables pero también de disfrute y *joie de vivre*. Las huestes que antes se sometían gustosas a los rigores de los balnearios terrestres lo hacían ahora con igual ahínco a los no menos feroces baños de olas. El agua salada se convirtió en la alternativa al agua de los spas y en la nueva panacea para curar toda clase de males; antes de desayunar, no sólo había que zambullirse y resistir el duro embate de las olas de los mares norteños, sino beber también varios vasos de sus salobres aguas. Los caballeros, mientras fumaban un puro y degustaban una copa de brandy en los salones privados de los establecimientos costeros, comentaban el número de olas a las que se habían enfrentado por la mañana, siendo treinta la cantidad considerada suficiente por los médicos. Las damas hacían lo mismo en sus dependencias, y observaban, quizá, cómo gracias al «régimen de olas» le había vuelto el color a alguna pálida e inapetente jovencita, y lo pronto que iba a poder encontrar marido si perseveraba en la saludable práctica.

El océano curaba resfriados, aumentaba el apetito, alegraba el estado de ánimo y renovaba las energías, pero además una estancia de al menos cuatro semanas en uno de los nuevos centros de moda, como Dieppe, Boulogne, Brighton o Biarritz..., le dotaba a uno de la necesaria pátina mundana para triunfar en sociedad. Y aunque el océano encarnaba el espíritu romántico de la época—se dice que Charlotte Brontë se desmayó al contemplarlo por primera vez—, el paisaje de sus riberas hubo de ser gradualmente domesticado para acoger al creciente número de visitantes que se acercaban, curiosos, a este territorio antes ignorado y desconocido. Primero fue necesario suprimir todo vestigio de trabajo: las barcas de pesca fueron retiradas de las playas, los artilugios colocados en la costa para extraer algas, demolidos; bueyes y mulas de carga, expulsados para siempre; las humildes viviendas de los pescadores, derribadas, y éstos, junto con otros trabajadores del mar, tuvieron que exiliarse de las riberas y permanecer en un discreto segundo plano. Una vez liberado el escenario de presencias molestas se procedió a levantar pabellones, algunos con sofisticados aires orientales, construir paseos marítimos, colocar barandillas y bancos, habilitar escaleras y delimitar zonas de baño seguras. A lo que había comenzado como una práctica higiénica se añadió un matiz claramente hedonista que requería una sofisticada parafernalia. Se inauguraron casinos, se abrieron bibliotecas, salones de té, salas de baile, y surgió la figura del maestro de ceremonias para orquestar las actividades que convertirían la estancia en la costa en una experiencia inolvidable.

Quienes se habían bañado hasta entonces en mares y ríos eran hombres y siempre lo habían hecho desnudos. Cuando los baños en el mar comenzaron a generalizarse para los dos sexos, se encontraron con un gran obstáculo: el pudor. Para superarlo fue necesario inventar dos adminículos: los trajes y las casetas de baño. Los trajes de baño masculinos se componían de una o dos piezas con calzones hasta las rodillas. El atuendo de baño femenino era otra historia: estaban hechos de franela, sarga, alpaca o algodón; en su origen, la parte de arriba era un corpiño con cuello alto y mangas hasta los codos, falda hasta las rodillas y, debajo de ella, bombachos y medias negras, acompañado todo ello de zapatillas de lona de tacón bajo. Una vez mojado podía pesar más de tres kilos y provocó más de un susto a sus portadoras por el riesgo de ahogamiento que entrañaba. También fue la causa del surgimiento de un nuevo espécimen de las playas: el mirón. Hombres pertrechados de catalejos—llegó incluso a haber un negocio de alquiler de los mismos—se aposentaban estratégicamente en la orilla para ver a las damas entrar y salir del agua. Hasta que no se introdujo la lana después de la Primera Guerra Mundial, los trajes de baño femeninos eran fundamentalmente de algodón y, una vez mojados, tendían a transparentarse y a adherirse al cuerpo, revelando mucho más de lo que pretendían ocultar. El traje de baño femenino no ha dejado de evolucionar desde su aparición en el siglo XIX: el complicado modelo original se fue reduciendo hasta convertirse primero en el bañador de una pieza y, luego en el bikini de dos piezas; más tarde surgió el trikini, híbrido de los anteriores. En 2003 una australiana de origen libanés creó el burkini—acrónimo de burka y bikini—para las mujeres musulmanas, prenda de baño que sólo deja al descubierto la cara, los pies y las manos. En Gran Bretaña existe una empresa de bañadores llamada Modestkini que comercializa bañadores pudorosos para hombres, mujeres y niños. En su página web, musulmanes, judíos, budistas, cristianos, hindús, personas con sobrepeso o que no desean exponer en público su anatomía pueden encontrar el modelo ideal de bañador. Una anécdota curiosa relacionada con los bañadores y, en este caso, el pudor masculino tuvo lugar durante los Campeonatos del Mundo de Australia en 1997, cuando Steve Zellen perdió el bañador al zambullirse en la piscina, siguió nadando desnudo y fue descalificado. Al defenderse ante los jueces Zellen declaró que si hubiera tenido que nadar de espaldas se habría retirado.

Las casetas de baño surgieron para que las damas se bañaran en la intimidad, alejadas de la orilla. Eran unos armatostes de madera con ruedas arrastrados por caballos desde la playa hasta el mar. Disponían de escaleras para bajar al agua y algunas incluso del llamado *modesty hood* o toldo pudoroso, para poder bañarse en la más estricta intimidad. Cuando hombres y mujeres empezaron a bañarse juntos, las casetas de baño perdieron su función y quedaron varadas en la arena como lugares para cambiarse de ropa y guardar las pertenencias. Luego apareció la figura del «bañero» y la «bañera», precursores de los actuales socorristas. Estas personas velaban por la seguridad de los bañistas ya fuera colocando maromas a las que agarrarse, o sujetándoles con sus brazos mientras los sumergían en el mar. Con el tiempo fueron ocupándose menos de acompañar a la gente en sus baños y más de procurarles toldos, sillas, casetas y otros enseres que hacían agradable la estancia en el establecimiento de baños. Pero las prácticas acuáticas no eran lo que más atraía a los visitantes a las ciudades costeras de moda, sino su intensa vida social. Las estaciones marítimas, que se habían creado como reductos para las clases privilegiadas, fueron invadidas poco a poco por las clases populares con la introducción del ferrocarril. Durante unos días o semanas, todo aquel que se acercaba a la costa podía desempeñar el papel que le apetecía o se atrevía. La época de las vacaciones se convertía para algunos en un tiempo de ostentación o de fingimiento. Según un escritor victoriano, en la costa todos decían pertenecer a un estatus social que no poseían y nadie creía a nadie, pero eso formaba parte de la diversión. En las salas de baile se interpretaban canciones que aludían al flirteo o a la infidelidad conyugal («Todo el mundo es soltero en la costa») y que reflejaban el fugaz sentimiento de liberación experimentado junto al mar por quienes llevaban vidas grises y miserables en las grandes ciudades.

Toda moda posee sus detractores, y la de acudir a las playas y a los nuevos centros costeros de veraneo encontró uno de sus críticos más tempranos en la prestigiosa escritora británica Jane Austen. En su novela inacabada *Sanditon* (1817) relata con ironía y cierta dosis de burla la historia de la conversión de un humilde y hasta entonces solitario pueblo de pescadores—Sanditon—en un centro de moda a manos de un codicioso emprendedor dispuesto a beneficiarse del reciente furor por los baños de mar. La autora, por boca de su protagonista, ridiculiza las conversaciones banales sobre las redescubiertas bellezas marinas, la incultura y amoralidad de quienes frecuentan el lugar y ese nuevo gusto por el «descanso» nacido del deseo de imitar a las clases altas. En Sanditon no tardan en surgir villas con nombres pomposos y un modesto paseo marítimo con dos bancos por donde desfilan los personajes de la novela: el pequeño burgués inculto, el buscavidas, los cazadores de dotes, las damas de moral dudosa o los nuevos ricos. En 1836 Charles Dickens trazó un hilarante retrato del veraneo en uno de los lugares de moda en su relato «The Tugg's at Ramsgate». Los Tugg, una familia de tenderos de Londres súbitamente enriquecida por una herencia, deciden pasar una temporada de vacaciones en Ramsgate esperando codearse con la nobleza y encontrar quizá un buen partido para sus retoños; lo que encuentran, en cambio, es una pareja de timadores que los desplumará y se burlará de ellos sin piedad.

Y mientras cada vez eran más las personas que se acercaban a la costa y a la orilla del mar, ¿qué sucedía con aquellos seres que llevaban siglos viviendo tranquila y esforzadamente en ese medio? ¿Reparaba alguien en su existencia, aparte de sus hasta entonces depredadores naturales—humanos o no humanos? Lamentablemente sí. En 1855 el naturalista y divulgador británico Philip Henry Gosse publicó una guía para construir, conservar y mantener un acuario marino y recolectar plantas y animales que obtuvo un enorme éxito. Su hijo Edmund Gosse recordaría en su autobiografía *Padre e hijo* el dolor y arrepentimiento paternos por esa publicación, culpable de atraer hordas de personas a las playas, dispuestas a acabar con la paz reinante en los charcos intermareales. En su búsqueda de parafernalia para el acuario, convertido en el *gadget* del momento, acudieron en tal número que a finales de la década aquel paraíso había sido violado, el exquisito producto de la selección natural aplastado bajo las toscas garras de la curiosidad fútil y bienintencionada. Según el autor, nadie volvería a ver la costa de Inglaterra que él conoció en su niñez, ni a tener la visión de las oscuras rocas submarinas salpicadas de la infinita variedad de colores de animales y anémonas marinas. Me pregunto qué opinarían ahora padre e hijo si pudieran asomarse y ver el estado actual de nuestras costas. A medida que avanzaba el siglo las virtudes de los baños en agua fría empezaron a declinar a favor de otra corriente médica que recomendaba las aguas más templadas y los beneficios del sol para curar toda clase de enfermedades. El Mediterráneo se puso de moda y a finales del siglo XIX ya se alzaban voces protestando contra la masificación de sus costas y centros vacacionales. La playa moderna había nacido para quedarse, pero ésa es otra y bien conocida historia.

SAN SEBASTIÁN, DE CIUDAD CORSARIA A CENTRO INTERNACIONAL DE VACACIONES

Durante el Imperio romano la costa vasca—y toda la cornisa cantábrica—formaba parte de la *via maris*, una importante y dinámica ruta marítima que recorría el Sinus Aquitanus (Golfo de Vizcaya) y por la que se transportaba trigo, minerales y tropas entre Burdigala (Burdeos) y Flavium Brigantium (A Coruña). Cuando en el siglo v los romanos desaparecieron de los enclaves portuarios, barridos por las hordas bárbaras, las costas se convirtieron en lugares solitarios y peligrosos. De todas las iglesias de la costa atlántica, desde Inglaterra hasta Galicia, se alzaba una plegaria común: «*A furore normannorum libera nos, Domine*», y es que a los ataques de piratas había que añadir las periódicas incursiones de las naves vikingas; unos y otros sembraban el pánico entre las poblaciones costeras, obligándolas a trasladarse al interior en busca de lugares más seguros. Con la vuelta de la paz y la estabilidad política se restableció el comercio de larga distancia, terrestre y marítimo. En su búsqueda de un puerto por el que dar salida a las mercancías de su reino, Sancho IV de Navarra, el Sabio, concedió en 1180 un fuero poblador a unos comerciantes gascones de Bayona para que se asentaran a los pies del monte Urgull. Así surgió una nueva villa que recibió el nombre de San Sebastián por un antiguo monasterio existente en la zona. La ciudad nació hablando tres idiomas: gascón, euskera y castellano, pero no sólo fue pródiga en lenguas sino también en puertos, ya que poseía cuatro: el más seguro y mejor era el de Oyarçun, actual puerto de Pasajes; había otros dos en la bahía de la Concha: Ondarreta y el puerto Mayor (actual puerto pesquero y deportivo) y el muelle de Santa Catalina en la desembocadura del Urumea. San Sebastián era una pequeña ciudad amurallada, compuesta de una veintena de abigarradas calles en las que se entremezclaban las viviendas humildes y los palacios; y dos puertas para entrar y salir que se cerraban herméticamente cada noche. Un castillo defensivo ocupado por una guarnición militar permanente remataba el conjunto urbano. Los arenales circundantes estaban llenos de casetas donde se guardaban embarcaciones y aparejos de pesca, se salaba y ahumaba pescado. En los puertos había almacenes, lonjas de pescado, astilleros, talleres de reparación, tabernas y posadas para marinos y gente de paso. Era una ciudad vibrante y dinámica, de pescadores, balleneros y comerciantes, por la que corría el dinero a raudales. Una ciudad de olores penetrantes, vivos colores y constante ajetreo humano, por la que circulaban mercancías de todo tipo, y algunas consideradas entonces de gran lujo, como el azúcar, el azafrán y los dátiles. San Sebastián era una ciudad emprendedora y belicosa, no demasiado buena haciendo amigos, sobre todo con sus vecinos. Los conflictos más graves fueron por el dominio del puerto de Pasajes: en 1473 los enfrentamientos armados entre San Sebastián y Rentería dejaron más de cien muertos. La ciudad también sufrió epidemias de peste y ocho devastadores incendios, uno de los cuales, el de 1489, la destruyó totalmente, y por lo que hubo que reconstruirla en piedra.

Los balleneros están de moda. El culpable es un número de *National Geographic* en el que se detallaba el hallazgo, en 1978, de un buque ballenero vasco hundido en 1563 frente a Red Bay, en Labrador (Canadá). Detrás del hallazgo está la paciente labor de investigación de la arqueóloga Selma Huxley en Oñate, donde descubrió abundante documentación sobre las pesquerías vascas de Terranova y Labrador del siglo XVI. Entre un montón de legajos sobre pleitos por el derecho al aceite de ballena transportado en el buque, se hallaba la mención a un lugar—Butus—donde se había hundido un galeón. De 1978 a 1992 los arqueólogos sacaron del mar, pieza a pieza y levantaron cuidadosos planos de la nao *San Juan*, buque de transporte de doscientas toneladas, veintiocho metros de eslora y tres cubiertas capaz de transportar mil barricas del preciado saín o aceite de ballena. En los astilleros Albaola en Pasajes, el mismo puerto en el que fue construido en 1563 y de donde zarpó, se está reconstruyendo la nave a la vista del público con las técnicas y materiales del siglo XVI: con la misma madera de los robles del valle de Sakana (Navarra), con azuelas, hachas y sierras manuales, con clavos hechos artesanalmente uno a uno, velas tejidas a mano y cubiertas de cuero impermeabilizado con grasa de oveja.

Tras concertar una visita guiada, me dirigí a Pasajes un lluvioso domingo de invierno. Una vez en el astillero, situado junto a la espectacular bocana del puerto y al que llegué muy adecuadamente en lancha, me reuní con Ane Alberdi, una entusiasta bióloga marina que lo sabe todo sobre las actividades de los vascos en Labrador y sobre la nao *San Juan*. Además de poder contemplar la nave en plena construcción—cuando la vi contaba ya con todo el esqueleto del casco y el espejo de popa—, en Albaola pude visitar una interesante exposición sobre la vida y andanzas de los vascos en Terranova. Según me explicó Ane, en 1565 la nao ballenera *San Juan*, cargada hasta los topes para regresar a Pasajes, se hundió frente a las costas de Red Bay. El capitán Joanes de Portu y la tripulación lograron salvar las velas, el aparejo, parte de las provisiones y la mitad del cargamento. Al año siguiente el capitán regresó para salvar el resto de la carga antes de que el barco se hundiera definitivamente en el mar. Al preguntar a Ane por la razón de tanta prisa, esbozó una maliciosa sonrisa y respondió: el cargamento estaba valorado en tres millones de euros en dinero actual, lo cual explicaba también los numerosos pleitos que descubrió Selma Huxley en Oñate: lo que se trasegaba entre Terranova y los puertos vascos era el petróleo de la época.

En el siglo XVI San Sebastián era una pujante ciudad dedicada a la construcción naval, la pesca, el transporte y el comercio marítimo. Tuvo su «edad de oro» entre 1560 y 1580, cuando el País Vasco contaba con dieciséis factorías pesqueras en Terranova y Labrador para la pesca y procesado del bacalao y la ballena. Buques de hasta setecientas toneladas zarpaban de Pasajes en mayo o junio para enfrentarse a un viaje de dos meses y a más de medio año de estancia en el Nuevo Mundo. Surcar las turbulentas aguas del Atlántico Norte debía de resultar una dura experiencia para la tripulación, compuesta de unos ciento cincuenta hombres, hacinados en una de las cubiertas sobre jergones de paja infestados de parásitos. A mitad de viaje, el hedor que desprendía la sentina resultaría insoportable. Una vez en tierra tenían que hacer frente a una vida que exigía resistencia física y psíquica. En Albaola han reproducido a tamaño natural una chalupa ballenera y su tripulación; es una impresionante instantánea de un momento crítico detenido en el tiempo: el timonel en pie vociferando órdenes con la cara desencajada, los cinco remeros congelados en idéntica postura y, de pie, el arponero, con la mirada fija en la presa que tiene delante y expresión lobuna, esgrimiendo un mortífero arpón de punta fija. Una vez muerta, la ballena era arrastrada a tierra y su grasa transformada en *lumera* o aceite para iluminar las farolas de las calles de Inglaterra, Francia y Flandes o en saín para el tratamiento de la lana burda en las fábricas textiles de toda Europa. Sus barbas eran transformadas en varillas de paraguas, persianas venecianas, corrales para las ovejas, rejas de ventanas, muelles de sofá y corsés para las señoras. Se estima que el número de ballenas cazadas por los vascos desde el siglo XVI en aguas de Terranova fue de treinta y cinco mil. Ane me contó que en Terranova prosiguen las excavaciones arqueológicas, y que además de los testimonios de la industria pesquera han aparecido cementerios con los restos de ciento cuarenta hombres de entre veinte y cuarenta años, y de dos niños de unos doce. La industria bacaladera y ballenera vasca fue la primera de Norteamérica y la presencia de vascos en Terranova dejó su huella en el habla de las tribus algonquinas de la zona, como los micmac y los innu, que adoptaron expresiones y palabras en euskera. El historiador Lope de Isasti escribió en el siglo XVII que si se preguntaba a un nativo «*Nola zaude?*» ('¿Cómo estás?'), éste invariablemente respondía: «*Apaizak hobeto!*» ('Los curas [viven] mejor'). Y es probable que cuando Samuel de Champlain, fundador de Quebec, desembarcó en Canadá los nativos le dieran la bienvenida en euskera.

Durante el siglo XVII el mar volvió a convertirse en un lugar muy peligroso para el comercio a causa de los continuos conflictos armados entre las naciones europeas. Los reyes eran incapaces de hacerse obedecer en los mares y los mercaderes debían defenderse navegando juntos y contratando costosos seguros por sus mercancías y sus vidas. Las cosas se pusieron difíciles para todos. Las ballenas, casi al borde de la extinción, ya no eran una gran fuente de riqueza y las expediciones a Terranova habían terminado por convertirse en una pesadilla por los continuos enfrentamientos y ataques de franceses e ingleses. Había que buscar nuevos caminos y los comerciantes de San Sebastián, poco dispuestos a perder sus ganancias, comenzaron a armar sus naves para dedicarlas al corso, una manera fina de llamar a la piratería. La diferencia entre corsario y pirata radicaba en que el primero operaba con permiso del rey, bajo la llamada «patente de corso» que se otorgada a los capitanes de los buques y les daba derecho a saquear embarcaciones enemigas. Una vez capturada la «presa» se celebraba una vista para dirimir si la operación había sido legal o ilegal; en este último caso se devolvía el cargamento a sus dueños. La patente de corso también regulaba las aguas en las que se podía «operar» e incluso se solía llevar a bordo un escribano que levantaba acta de las capturas, para velar por los intereses de la Corona en el reparto. Las tripulaciones que antes se dedicaban a cazar ballenas o a la pesca de bajura o de altura se enrolaban ahora en buques corsarios para dedicarse a la cruenta y peligrosa tarea de abordar naves enemigas y saquearlas. La operación también implicaba un discreto uso de la artillería ya que se contaba con vender la nave apresada. Las naves guipuzcoanas actuaban en el canal de la Mancha, en el norte de Europa, la costa americana y el norte de África, y San Sebastián llegó a ser considerada el mayor nido de corsarios de Europa, dando lugar a situaciones inverosímiles: como Bilbao había optado claramente por el comercio y Guipúzcoa, con San Sebastián a la cabeza, por el corso, los buques mercantes que zarpaban de aquella ciudad debían recurrir a alianzas con potencias enemigas para defenderse de sus vecinos corsarios. ¿Sería entonces cuando surgieron los primeros chistes sobre bilbaínos y donostiarras?: «¿Sabes ése de un barco de Bilbao que se encuentra con un barco de Donosti en alta mar y…?».

Imagino San Sebastián durante los siglos XVI y XVII como la Nantucket de *Moby Dick*. Una ciudad portuaria frecuentada por balleneros, arponeros, capitanes y corsarios, con sus levitas embreadas, sus coletas, sus gorros de lana y pendiente en la oreja. Gente ruda llegada de todas partes con dinero fresco en el bolsillo y muchas ganas de gastarlo. Imagino las tabernas en las que se bebería algo más fuerte que la sidra, se cantaba y se contaban fascinantes historias de lugares lejanos, monstruos marinos y legendarios lobos de mar. Pero con el paso de los años estos personajes fueron desapareciendo del escenario, el comercio volvió a sus cauces tradicionales y los buques mercantes donostiarras empezaron a zarpar rumbo al sur. La sucesiva creación durante el siglo XVIII de la Real Compañía Guipuzcoana de Caracas, la Real Compañía de La Habana y la Real Compañía de Filipinas hicieron que el puerto de San Sebastián oliera ahora a cuero, añil, tabaco, cacao, café y especias.

Demos un salto en el tiempo hasta las guerras napoleónicas. En 1808 San Sebastián fue ocupada por las tropas de Bonaparte. Cinco años más tarde, en 1813, las tropas aliadas anglo-portuguesas asediaron la ciudad, la saquearon cometiendo todo tipo de tropelías y finalmente la incendiaron. De las seiscientas casas con las que contaba la ciudad, apenas treinta quedaron en pie; el resto eran ruinas y escombros. San Sebastián tenía que reinventarse, y de nuevo volvió la mirada hacia el mar. Pero lo que vio esta vez no fue comercio, sino recreo. Las corrientes higienistas que proclamaban las bondades de los baños de mar también habían llegado a sus costas, y con ellas los bañistas. En 1829, con la ciudad todavía en fase de reconstrucción, se proclamó un edicto por el cual se procedía a la segregación de sexos en la playa de La Concha: los hombres debían bañarse en la zona más alejada de la ciudad y las mujeres en la más cercana a las murallas. En un intento de poner fin a la sana costumbre de los jóvenes y niños de nadar en cueros desde tiempos inmemoriales, en 1831 se prohibió bañarse desnudo en cualquier zona de la ciudad, incluido el puerto. Pero el momento definitivo para la entrada en la historia de San Sebastián como prestigioso centro de vacaciones tuvo lugar en el verano de 1845, cuando una reina, Isabel II, acudió a tomar baños de mar para curarse de una afección cutánea.

Dado que el común de los mortales no podía contemplar una anatomía real, se mandó traer una aparatosa caseta de baño que era arrastrada hasta el mar por una yunta de bueyes. La afable presencia de esos animales sería un rasgo distintivo de San Sebastián, ya que en el resto de playas europeas las casetas eran arrastradas por caballos.

Entre 1863 y 1865 se derribaron las murallas y la ciudad empezó a extenderse. En 1864 se inauguró la línea férrea Madrid-París con parada en San Sebastián. Los visitantes empezaron a afluir y comenzó la construcción de hoteles, palacetes, villas, un casino, jardines, paseos y avenidas para ver y dejarse ver. En 1897 la reina María Cristina se enamoró de la ciudad hasta el punto de que pasó en ella cuarenta veranos de su vida. A partir de entonces la colonización del litoral fue imparable, y con ella dio comienzo un proceso de ordenación estética, visual, urbana y arquitectónica para acomodarse a los gustos burgueses. Pescadores, mercaderes e industriales fueron relegados a un discreto segundo plano, allá donde no desentonaran. No todos los donostiarras aprobaron la nueva imagen de San Sebastián. Para Pío Baroja, amante de la antigua ciudad de corsarios y piratas, de lobos de mar y comerciantes en tierras exóticas—personajes que inmortalizó en sus cuatro novelas sobre el mar—, se había convertido en una ciudad de «rastacueros y balandristas». ¿Le gustaría a don Pío la actual ciudad de surfistas y cocineros con estrellas Michelin?

DE SAN SEBASTIÁN A DEVA POR EL SENDERO DEL LITORAL

Allá el gruñón de don Pío. Yo adoro San Sebastián. Me gusta en cualquier época del año y bajo cualquier luz y circunstancia. Si tuviera que traducirla a música, sería un fraseo de saxo de Jan Garbarek, de esos que te elevan a la estratosfera y te hacen volar. Si fuera una bebida, no se me ocurre mejor comparación que un burbujeante y cosquilleante champán. Tuve la dicha de vivir en ella dos años. Recuerdo mis paseos hasta el Peine de los Vientos al terminar el trabajo. Si no hacía demasiado viento o llovía, me sentaba en las gradas a contemplar la cadencia de las olas entrando en la bahía mientras me dejaba imbuir por la presencia del mar. Regresé a San Sebastián un 3 de septiembre para retomar desde allí mi caminata por la costa vasca hasta el límite con Cantabria. En cuanto el autobús del aeropuerto me dejó en Ondarreta, me sentí cautivada, una vez más, por la belleza de la ciudad. Dejé los bártulos en un albergue cercano al campus universitario y me lancé a la calle. Volví a pasar por Ondarreta y desayuné en el que había sido mi barrio, el Antiguo. Recorrí el paseo de La Concha lleno de turistas, de gente haciendo footing, de señoras elegantes que se dirigían a la playa. Mi destino era el Museo Naval y el Aquarium.

Mientras recorría el puerto para llegar hasta allí volví a disfrutar de esa deliciosa visión veraniega que son los chiquillos bañándose en el espigón y de la alegría de vivir que transmiten con sus gritos de alborozo al zambullirse en el agua. Me quedé un buen rato mirándoles junto a un niño rubito que les contemplaba envidioso agarrado a la mano de su madre. En el Museo de San Telmo hay un precioso óleo de 1888 de Ignacio Ugarte llamado *Una perra al agua* en el que se ve a un grupo de chiquillos desnudos en el mismo espigón donde yo me encontraba lanzándose al mar para sacar con la boca las monedas que les arrojaban los turistas. Pero no sólo la chiquillería disfrutaba del agua en aquella mañana de verano. La rampa de botadura de barcos frente al Aquarium estaba tomada por bañistas caninos. No pude evitar acercarme a contemplar de cerca la escena. Los perros nadaban felices en pos de las pelotas que les arrojaban sus dueños o simplemente se remojaban. Una señora daba de comer a las palomas. Me contó que recibe insultos y amenazas por ello. «¡Pero si se hacen cargo de toda la contaminación que nosotros arrojamos!», exclamó quejosa por el desamor generalizado hacia estas aves que, según ella, están cargadas de plomo.

La chica que me vendió la entrada del Museo Naval sonrió complacida cuando—haciéndome la turista—alabé la belleza de la ciudad. «Sí. Es una ciudad muy energética. No deje de ir a las Peñas de Aia. Es un lugar precioso», me dijo. Energética. No podría haberla definido mejor. También es acuática por la omnipresencia del mar y por ese hermoso río, el Urumea, que desemboca en la ciudad, y verde, porque está rodeada de montañas. Acudí al Museo Naval en busca de información y bibliografía sobre la historia marítima de la ciudad, de Guipúzcoa y de la costa vasca en general. Allí fui amablemente atendida por Aitor y Soco Romano que pusieron a mi disposición la magnífica biblioteca del museo, una acogedora sala de madera tapizada de arriba abajo con más de cinco mil volúmenes de temas marinos. El Aquarium se encuentra muy cerca del Museo Naval. Las dos estrellas del recinto son dos enormes tiburones toro de aspecto inquietante, pero yo quería ver el mayor de todos los objetos expuestos: el esqueleto de una ballena franca, más de un centenar de huesos montados en un tubo de acero, suspendido del techo como si fuera una extraña aeronave de 12 metros de longitud. Esta ballena franca, la penúltima que se capturó en aguas vascas, fue cazada en 1870 por marineros de Guetaria y de Zarauz y su posesión fue objeto de litigio por ambas poblaciones costeras.

Se ha construido toda una épica en torno a los balleneros y sus andanzas marinas y comerciales, pero se sabe y se ha escrito mucho menos sobre el otro personaje fundamental de la historia: la propia ballena.

Empecemos por el principio. Las ballenas son cetáceos, del griego *ketos*, monstruo marino, nombre acuñado por Aristóteles para referirse a los animales acuáticos dotados de respiración pulmonar. Hasta el siglo XVI se pensaba que eran peces, pero ahora sabemos que son mamíferos placentarios, como nosotros, que respiran oxígeno y amamantan a sus crías. Sus antepasados vivieron en tierra firme—de hecho están emparentados con los hipopótamos—y hace unos cincuenta millones de años decidieron regresar al mar, donde, liberados de la gravedad, pudieron alcanzar su inmenso tamaño. La ballena azul es el animal más grande que jamás ha existido en la Tierra, mucho mayor que cualquier dinosaurio. Situada bajo la ballena franca del Aquarium intenté intuir sus orígenes terrestres: las aletas, rematadas por cinco inquietantes dedos, fueron las patas delanteras de sus antepasados, el *Pakicetus*, animal de cuatro patas parecido al zorro; el *Ambulocetus natans*, una especie de nutria gigante; el *Kutchicetus* y el *Rodhocetus*. Las extremidades inferiores han desaparecido, aunque quedan huesos vestigiales de lo que fueron las patas traseras ocultos en el cuerpo, claramente apreciables en estado embrionario. Hace unos treinta y cinco millones de años se dividieron en dos órdenes: los misticetos o ballenas barbadas y los odontocetos, que poseen dientes, como el cachalote. Las ballenas barbadas «pastan» y filtran plancton y peces a través de las barbas mientras que las ballenas dentadas, como el cachalote, persiguen y tragan a sus presas, una a una. La *Eubalaena glacialis* es el nombre científico de la ballena franca. En inglés se la conoce como «*the right whale*», la ballena buena o correcta, la que es más fácil de cazar. En francés es «la baleine de Biscaye» y en euskera «euskal balea», porque desde el siglo XII fue cazada sin descanso por los balleneros vascos en las aguas del golfo de Vizcaya adonde acudían a tener sus crías. La ballena franca fue víctima de sus costumbres y de su fisiología especial. De carácter tranquilo, acostumbraba a nadar despacio, cerca de la superficie y nunca demasiado lejos de la costa. Sus enormes reservas de grasa y sus largas barbas la convirtieron en la presa ideal, la más codiciada de los mares.

Con su libro *Moby Dick*, publicado en 1851, Herman Melville, miembro durante dieciocho meses de la tripulación del ballenero *Acushnet*, del que desertó cuando tocó tierra en las islas Marquesas, imprimió a fuego en el imaginario moderno la imagen de la ballena como el monstruo marino al que había que dar caza. Moby Dick, la ballena albina, en realidad un cachalote, encarnaba todos los miedos que puede suscitar en nosotros la naturaleza salvaje. Melville era un descendiente de aquellos puritanos que llegaron al Nuevo Mundo y encontraron praderas que hervían de bisontes, océanos repletos de ballenas y tribus de nativos dispuestas a hacerles frente: toda una ingente naturaleza a domeñar. En *Moby Dick*, una de las obras literarias más extrañas y cargadas de simbolismo que se han escrito jamás, mezcla de tratado sobre la caza de ballenas y la vida a bordo de los barcos de la época, de panfleto religioso y de parábola política, destaca la atormentada figura del capitán Ahab, quien con su pierna postiza—hecha de mandíbula de cachalote—recorre incansablemente la cubierta, temiendo, y al mismo tiempo deseando obsesivamente, avistar a esa criatura espectral, capaz de estar presente en latitudes opuestas al mismo tiempo. Lo que tenía que ser una obra alimenticia que proporcionara mucho dinero al autor se fue transformando en una obra metafísica, en una especie de advertencia sobre la capacidad de la humanidad de hacer el mal. La crítica la recibió fríamente y no se llegaron a vender ni los tres mil ejemplares de la edición. Aunque siguió escribiendo, Melville nunca conoció el éxito literario y se ganó la vida como inspector de aduanas en Nueva York. Cuando murió a los setenta y dos años, su fiel esposa Lizzie encontró entre sus papeles el manuscrito inacabado de *Billy Budd, marinero*. En el interior de su escritorio también halló una pequeña placa que decía: MANTENTE FIEL A TUS SUEÑOS DE JUVENTUD.

Al igual que otros niños se enamoran de los dinosaurios, en los años sesenta un chico de Southampton crecía obsesionado por las ballenas. En 2009 Philip Hoare publicó *Leviatán o la ballena*, un libro maravillosamente triste y elegíaco sobre el misterioso mundo de los cetáceos y su tormentosa relación con los seres humanos a lo largo de la historia. Desde el siglo XVI la caza de la ballena se convirtió en el negocio más lucrativo de Occidente. Los armadores podían triplicar el valor invertido en preparar y dotar el barco en cada expedición. La productividad se incrementó con la instalación de refinerías a bordo para destilar la grasa, un sistema que se ideó hacia 1635 y que se atribuye al marino vasco François Sopite, natural de Ciboure. Como escribe Philip Hoare:

> La ballena representaba dinero, comida, sustento y comercio. Pero también representaba algo más oscuro, más metafísico, por virtud del hecho que los hombres se jugaban la vida para cazarla.

Uno de los pasajes más emocionantes y conmovedores del libro de Philip Hoare, y que llega a dejar sin aliento al lector, es la detallada descripción del avistamiento, persecución, caza y despiece de un cachalote. De frente o por detrás, aprovechando los puntos ciegos del animal, el bote se acercaba sigilosamente cuanto podía. El silencio era absoluto. No había nada peor que una ballena asustada. Hoare escribe:

Entonces el arponero se afianzaba y descargaba toda su potencia sobre la ballena a través del hierro [...] Con un golpe sordo, casi inaudible la punta se clavaba profundamente en la capa de grasa del animal [...] Tirando y encabritándose, la ballena arponeada trataba de librarse de la punta clavada hasta la empuñadura en la carne [...] A continuación, la ballena se sumergía rápida y profundamente, intentando arrastrar al fondo a sus atacantes. El cabo o estacha, de más de kilómetro y medio de longitud, salía del cubo en el que estaba enrollado como una serpiente y remojado en agua salada para impedir que la fricción lo quemase.

El aterrorizado animal arrastraba a sus cazadores en una especie de trineo que podía desplazarse por el mar a cuarenta kilómetros por hora. Tarde o temprano la ballena se agotaba y volvía a salir a la superficie. Había llegado el momento culminante. El arponero clavaba la lanza o sangradera bajo la aleta izquierda donde se alojan los órganos vitales, corazón y pulmones. Cuando alguien daba el grito de «¡Fuego en la chimenea!» significaba que el espiráculo o surtidor de la ballena estaba arrojando una fuente espesa de sangre roja. Y Hoare prosigue:

Entonces la ballena entraba en el frenesí de la agonía. Nadaba en espiral y vomitaba los últimos calamares que había ingerido... Con un último estertor, terminaba su tormento. ¡Le había estallado el corazón! Y, exhalando su último aliento, la ballena rodaba de lado y quedaba con una aleta al aire, un ojo mirando al cielo y—según sus asesinos—con la cabeza hacia el sol.

Es evidente con quién están las simpatías de Philip Hoare, para quien el oficio de ballenero es mugriento, grasiento y sangriento.

«¿Puede acaso decirse de quien ha descubierto sólo algunas de las utilidades de la barba y el aceite de ballena, que ha descubierto la verdadera utilidad de la ballena?», se preguntaba en 1864 Henry David Thoreau en *Los bosques de Maine*. Por increíble que parezca sólo en las últimas décadas hemos empezado a darnos cuenta de lo que son los cetáceos. En la Edad Moderna nadie concebía la necesidad de poner límites a la explotación de los recursos marinos. Lo único apremiante era alimentar los incipientes hornos de la Revolución Industrial e iluminar las calles de las ciudades. En aquella época la grasa de la ballena representaba nuestro petróleo y sus barbas, el plástico. El aceite de ballena dejó de ser el combustible que procuraba luz a la humanidad en 1859, cuando Edwin L. Drake perforó en busca de petróleo en una granja de Titusville, Pensilvania. El chorro negro que brotó de la tierra, a modo de surtidor de un cetáceo, puso fin a su caza desmedida y dio comienzo al saqueo de otro elemento de la naturaleza. De enemigo temible la ballena ha pasado a ser vista como una criatura benigna y vulnerable, un plácido y amable gigante de los mares. Para Philip Hoare el punto de inflexión en nuestra apreciación de las ballenas tuvo lugar en 1967, cuando Roger Payne introdujo un hidrófono en el mar y grabó por primera vez el canto de un grupo de machos de ballena yubarta entonando «canciones» al unísono de más de treinta minutos de duración. Fue a partir de entonces cuando comenzó a surgir una nueva sensibilidad, una nueva conciencia ante la depredación de los mares y de la naturaleza en general, aunque durante gran parte del siglo XX el mundo moderno ha seguido inundado de productos derivados de la ballena que se encuentran en sitios tan dispares como la margarina, las raquetas de tenis o la cosmética. Incluso yo recuerdo haber comido carne de ballena en un lugar tan improbable como Burgos hace ya muchos años.

Mientras permanecía bajo la ballena franca del Aquarium recordé que para Philip Hoare ésta representa más que ninguna otra criatura viviente la relación disfuncional entre la historia humana y la historia natural, la cosificación a que sometemos a los animales y la desconexión entre nosotros y la naturaleza, como si hubiéramos olvidado por completo que también somos animales. Me habría encantado tenerle en aquel momento a mi lado y guardar junto a él un minuto de silencio por la ballena, por todas las ballenas inmoladas a lo largo del tiempo. Y después, para romper la solemnidad del instante, le hubiera llevado a la Parte Vieja, a la antigua ciudad intramuros, a tomar merluza rebozada con pimientos verdes y croquetas de bacalao, por aquellas mismas calles por las que, hace mucho, mucho tiempo, deambulaban balleneros y corsarios.

POR EL SENDERO TALAIA

A la mañana siguiente llené mi mochila con lo imprescindible y, mientras me la colocaba en la espalda, sentí ese conocido placer ante la perspectiva de un día de caminata. La etapa del día era San Sebastián-Zarauz por el sendero Talaia GR-121. Beltri, mi guía por Jaizkibel, me aguardaba en el Peine del Viento para hacer conmigo el camino hasta Zarauz. En Igueldo nos detuvimos para contemplar la espectacular vista de la ciudad desde lo alto. El camino subía y bajaba por los valles costeros y a ratos desaparecía bajo enormes marañas de helechos y matas de argoma, razón por la que está muy poco transitado. Pero a cambio de unos cuantos arañazos, ofrece todo el atractivo de un sendero costero: soledad, prados verdes y jugosos, acantilados verticales, la constante presencia del mar y un silencio roto únicamente por las aves marinas. A las cuatro de la tarde llegamos a Orio, donde hicimos un alto para reponer fuerzas. Como casi todas las poblaciones que bordean la costa vasca, Orio es una villa de gran tradición marinera, famosa por sus grandes remeros. En su ría se construían barcos de pesca y mercantes que surcaban los océanos del mundo. Orio tiene el dudoso honor de haber dado caza a la última ballena franca del Cantábrico en 1901. Cuentan las crónicas que salieron cinco traineras del puerto y que se emplearon arpones y cargas de dinamita para matarla. Cada cinco años se conmemora el hecho y una gigantesca ballena de pega aparece en la bocana del puerto acompañada de traineras que la escoltan a lo largo de la ría. Según pude ver en una fotografía, alguien se ocupaba de restañar sus heridas, símbolo de la sensibilidad de las nuevas generaciones. Mientras abandonábamos Orio, camino de Zarauz, un martín pescador atravesó velozmente la ría volando a ras del agua, poniendo una hermosa nota de color azul turquesa en el cielo de la tarde.

La visión de Zarauz resultaba imponente desde lo alto de Talaimendi, con su playa de casi tres kilómetros y, al fondo, la inconfundible silueta del monte San Antón, conocido como el Ratón de Guetaria. Hasta el siglo XIX en que la aristocracia y la realeza la convirtieron en un renombrado centro de veraneo, Zarauz fue una aguerrida villa ballenera, como lo atestiguan muchos de los dinteles de las casas más antiguas con sus relieves de ballenas y chalupas esculpidas en piedra. Aquella tarde de septiembre reinaba un alegre ambiente de finales de verano. La playa llena todavía de gente que se resistía a marcharse y el agua rebosante de surfistas disfrutando de las olas. En una de las calles más concurridas nos esperaba Albontza, un amigo de Beltri, para hacernos los honores del lugar en el que vive, al parecer sumamente satisfecho. Aunque era un jueves por la tarde de una semana normal el ambiente resultaba festivo y contagioso. Tabernas abarrotadas, gente entrando y saliendo cargada de cosas apetitosas para comer y beber. No pudo haber mejor final para un largo día de camino durante el que habíamos recorrido casi veinticinco kilómetros.

A las nueve de la mañana siguiente emprendí sola la etapa Zarauz-Deva. El primer tramo ascendía en fuerte pendiente por una antigua calzada costera hacia la ermita de Santa Bárbara, patrona de las tormentas. Como todos los viejos caminos, la calzada me transmitía mensajes antiguos, el murmullo de pasos hace tiempo desvanecidos. Me crucé con un grupo de peregrinos—tónica de lo que iba a ser la jornada porque mi etapa coincidía en parte con el Camino de Santiago—e intercambiamos saludos e información. Desde que había bajado del avión en Fuenterrabía unos días atrás, había sentido una oleada de inusual amabilidad hacia mi persona y me llevó un buen rato averiguar la razón. La chica del puesto de periódicos del aeropuerto a quien solicité información, el chófer del autobús que me llevó gratis hasta la parada que me conduciría a Irún, el barman que dejó su trabajo en la barra para acompañarme a la estación del Topo y la encargada de una óptica a quien pregunté una dirección y no sólo me regaló un mapa, sino también una gamuza para limpiar las gafas con una vista antigua de Irún que aún conservo y utilizo. Fue ella quien, al comentarle todas las muestras de amabilidad recibidas en tan corto lapso de tiempo, me respondió: «Es que tú desprendes buen karma». Me quedé sorprendida; era algo que no me habían dicho jamás. Hasta que caí en la cuenta de que me tomaban por una peregrina a Santiago. *Peregrino*—del latín *peregrinus* (*per agrare*, 'ir por los campos')—es, según el Diccionario de la Real Academia, aquel «que anda por tierras extrañas» y también quien «por devoción o voto va a visitar un santuario». En nuestros días la imagen de un peregrino viajando a pie con una mochila como único equipaje evoca una forma de vida sencilla, casi desaparecida, y parece activar en las personas que se lo encuentran los mecanismos de las antiguas leyes de la hospitalidad.

Desde Santa Bárbara el camino hacia Guetaria discurría entre viñedos, de la variedad *Hondarrabi zuri* con la que se fabrica el txacoli. El día era espléndido, la mochila me pesaba menos que la víspera y me sentía feliz por estar allí, en medio de aquel luminoso paisaje. El mar, de un profundo color cobalto, relucía bajo el sol de la mañana. En el horizonte, una ligera niebla difuminaba los contornos haciendo que el azul del mar pasara sin transición al de un cielo sin nubes.

En Guetaria nació Juan Sebastián Elcano (1476-1526), uno de los navegantes más ilustres de todos los tiempos. De vida profundamente aventurera, Elcano estaba huyendo de la justicia por la venta de un barco armado a unos extranjeros cuando recaló en Sevilla y tuvo noticias de la expedición que estaba organizando Fernando de Magallanes. Éste había convencido al rey Carlos I de armar una flota para buscar una ruta por Occidente hasta las Molucas o islas de las especias—producto más valioso que el oro en aquella época—, pero estaba teniendo problemas para encontrar tripulantes. Magallanes se negaba a decir exactamente adónde iba y los marinos profesionales recelaban de tanto secretismo y dudaban a la hora de comprometerse en una expedición de más de dos años hacia una tierra desconocida y por aguas de las que no existían mapas. Cuatro siglos más tarde, en 1914, el explorador anglo-irlandés Ernest Shackleton no tuvo ningún problema a la hora de encontrar tripulantes para una peligrosa expedición a la Antártida. Puso un anuncio en la prensa británica que rezaba así:

Se buscan hombres para un viaje peligroso. Sueldo bajo. Frío extremo. Largos meses de completa oscuridad. Peligro constante. No se asegura retorno con vida. Honor y reconocimiento en caso de éxito.

A diferencia de Magallanes, Shackelton recibió más de cinco mil solicitudes, incluyendo las de «tres chicas deportistas». Elcano se alistó sin dudarlo para desaparecer de escena durante un tiempo, y con él un noble veneciano de nombre Antonio Pigafetta, deseoso de ver «las grandes y maravillosas cosas del océano». Pigafetta legó a la posteridad la detallada e impresionante crónica de uno de los viajes de exploración más arduos de la historia. He aquí un ejemplo:

Comíamos galleta: ni galleta ya, sino su polvo, con los gusanos a puñados, porque lo mejor habíanselo comido ellos; olía endiabladamente a orines de rata. Y bebíamos agua amarillenta, putrefacta ya de muchos días, completando nuestra alimentación los cellos de cuero de buey, que en la cofa del palo mayor protegían del roce a las jarcias: pieles más que endurecidas por el sol, la lluvia y el viento. Poniéndolas al remojo del mar cuatro o cinco días y después un poco sobre las brasas, se comían no mal; mejor que el serrín, que tampoco despreciábamos. Las ratas se vendían a medio ducado la pieza [...] Pero por encima de todas las penalidades, ésta era la peor: que les crecían a algunos las encías sobre los dientes—así los superiores como los inferiores de la boca—hasta que de ningún modo les era posible comer.

Tras la muerte de Magallanes en Filipinas, Elcano se puso al mando de la expedición, llegó a las Molucas, cargó la nao *Victoria* con las preciadas especias y, tras una terrible travesía por el océano Índico durante la que los hombres fueron muriendo de escorbuto, arribó a Sevilla el 6 de septiembre de 1522 con diecisiete tripulantes famélicos. Había realizado la primera vuelta al mundo. Incapaz como Ulises de pasar mucho tiempo en tierra, al cabo de cuatro años se embarcó en una nueva expedición a las Molucas y murió, también él de escorbuto, en aguas del Pacífico. Lo irónico es que algunas de las especias que transportaban contenían vitamina C, y su ingesta les habría permitido sobrevivir. La enfermedad siguió causando estragos en las tripulaciones hasta que en el siglo XVIII el médico naval británico James Lind logró prevenirla añadiendo cítricos a la dieta de los marinos.

Mientras recorría la antigua calzada que me llevaría hasta Askizu aquella apacible y soleada mañana de septiembre, las penalidades de Elcano y Shackleton resultaban muy lejanas. Me dio por pensar, en cambio, por qué me atraen tanto las viejas piedras, ya se presenten en forma de menhires hincados en la cima de una colina, de peldaños desgastados en una iglesia o de roderas excavadas en los viejos caminos por el paso de los carros. Creo que todas ellas nos hablan del paso del tiempo y nos permiten sellar una alianza inconsciente con nuestros antepasados, sentir su presencia y percibir que todos formamos parte de la rueda del devenir. En cierto modo, pienso que las piedras nos transmiten un mensaje de inmortalidad. En la iglesia de San Martín de Tours un grupo de peregrinos descansaba a la sombra de los árboles y se refrescaba en la cercana fuente. Me llamó la atención un peregrino asiático, de edad muy avanzada, que reposaba tranquila y solitariamente en el atrio de la iglesia. Una señora de un grupo de excursionistas me preguntó si estaba haciendo «el Camino». Respondí afirmativamente para no entrar en detalles, charlamos durante un rato y me dijo que le «admiraba» que lo hiciera sola. Señalé a mi alrededor para mostrarle la cantidad de peregrinos congregados en el lugar, pero no logré tranquilizarla respecto a los posibles peligros de caminar sola. Me despedí y seguí mi camino hasta Zumaya, mi siguiente meta, donde visité el Centro de Interpretación de Algorri para recabar información sobre el parque geológico que será el tema del siguiente capítulo. Mientras veía el vídeo que explicaba los tesoros geológicos de la zona, Ainara, una chica encantadora y eficiente, me mandó enlaces a mi móvil con el material solicitado.

Este tramo de costa es bellísimo y lo quería recorrer con marea baja para disfrutarlo, así que me despedí de Zumaya por el momento y retomé el sendero Talaia que tras una subida muy pronunciada me fue alejando de los acantilados. Hice un alto en Elorriaga, una gran campa con mesas, árboles y fuentes donde descansaban varios grupos de peregrinos. Allí el sendero se bifurcaba: el camino de mi guía emprendía de nuevo la bajada hacia el mar, pero llevada por un impulso decidí seguir el Camino de Santiago que conduce hasta Deva por el alto de Itziar. No me defraudó. Los caseríos salpicaban el paisaje; casi todos estaban remozados, lucían espléndidos y hablaban de prosperidad y buen vivir. Intercambié saludos con un perro que me siguió curioso con la mirada durante un rato; observé a un gato cazando totalmente concentrado; absorbí a pleno pulmón los olores que desprendían los campos: a manzanas, a abono, a hierba recién cortada. Ya cerca de Itziar reapareció la vieja calzada atravesando un denso bosque de encinas que mitigaba el fuerte calor de la tarde. A un lado del sendero un monolito recordaba a un joven muerto a los veintisiete años. Habían colocado una foto en la que aparecía sonriente y con el cabello revuelto en lo que me pareció la cima de una montaña. Una inscripción en euskera decía: VIVIR CONTIGO HA SIDO LO MEJOR QUE NOS HA PASADO. Me alejé intrigada por encontrar una lápida a la vera de aquel bucólico camino y preguntándome la causa de aquella temprana muerte. A la entrada de Itziar el rótulo de un hotel me hizo guiños invitadores. Pensé en la ducha que me aguardaba y en el descanso tras la jornada, así que sin dudarlo un momento me introduje en el frescor de la recepción y pedí una habitación.

Por la tarde, ya recuperada de la caminata, me acerqué a la iglesia de Itziar, cuya Virgen es venerada desde antiguo por los marinos vascos e invocada como su protectora. Juan Sebastián Elcano, en el testamento que redactó en el Pacífico poco antes de morir, legó cuarenta ducados de oro para el mantenimiento de este santuario. Luego decidí regalarme una buena cena en el restaurante del hotel. Cuando me disponía a ocupar mi mesa, reparé en el peregrino asiático, cenando a solas en un rincón. Me hubiera encantado hablar con él, preguntarle qué significaba ese peregrinaje para alguien de un lugar tan lejano, pero el silencio parecía envolverle como un escudo magnético y no me atreví a importunarle. Cuando más tarde me metí en la cama, caí dormida antes de posar la cabeza en la almohada. Había sido un día magnífico.

4
LOS ARCHIVOS DE LA TIERRA
LOS OCHO KILÓMETROS DE COSTA DE ZUMAYA A DEVA

> La historia de cualquier parte de la tierra, como la vida de un soldado, consiste en largos períodos de aburrimiento y breves períodos de terror.
>
> DEREK VICTOR AGER
> (Geólogo británico)

Desde que tengo memoria me recuerdo atraída por las piedras. Me veo a mí misma coleccionándolas: piedras recogidas en las montañas, cantos rodados de los ríos, piedras de lugares especiales, fósiles... He llegado incluso a poseer una pequeña colección de piedras fálicas y otras agujereadas, formas que han gozado desde siempre y en todas partes de gran predicamento. Una parte de esa colección ha desaparecido engullida en los cataclismos que sufren casi todas las vidas en forma de cambios de domicilio y de mudanzas. Otras las he regalado o incluso intercambiado. Pero aún conservo una pequeña colección de piedras, cuya presencia, alineadas en el alféizar de una ventana, o en las estanterías junto a los libros, me llena de una misteriosa tranquilidad. De algunas me gusta su textura, sentir cómo se acomodan a la palma de mi mano cuando las aprieto; de otras su decoración tan simple, apenas unas rayas blancas sobre un fondo negro, unos tenues tonos rosados contra un gris pálido o unas extrañas elipses de color amarillo. Las hay incluso con irisaciones que recuerdan un cielo estrellado. También están las erosionadas y pulidas por la labor incesante del mar. Algunas recogidas durante este recorrido por la costa vasca en las grietas bañadas por la marea y en los charcos formados entre las rocas pasarán a formar parte de mi colección.

Cuando alguien me pregunta qué quiero que me traigan de un viaje, invariablemente suelo pedir una piedra pequeña. Así he conseguido tesoros, como un trozo de arenisca de un increíble color anaranjado de la meseta de Tassili; un guijarro del nacimiento del Ganges; piedras de antiguas ciudades romanas y un pedazo de lava de un volcán de Islandia. Pero de todas ellas, mi preferida es una piedra pequeña y redonda de color gris surcada por líneas blancas que recogí en mi playa favorita de Grecia, lugar que para mí representa el paraíso en la Tierra. Las piedras a su vez son grandes viajeras e intuyo que cada una de ellas tiene una apasionante historia que contar. Creo que fue en el libro *En la Patagonia* de Bruce Chatwin donde me encontré por primera vez con la palabra *petromaníaco*, 'persona que siente atracción o pasión desmedida por las piedras'. Y como también me gusta coleccionar palabras, ésta tan rotunda y sonora se convirtió inmediatamente en una de mis predilectas, y no dudé en aplicarme tan rimbombante calificativo. Debe de haber algo atávico en la atracción de los seres humanos por las piedras. Muchos mamíferos marcan el territorio con señales olfativas. Los humanos, desde tiempos inmemoriales y quizá por su abundancia, lo han hecho mediante piedras. Por todo el mundo se encuentran piedras de todos los tamaños que señalan y ponen una nota humana en el paisaje. Hincando grandes piedras en el terreno o disponiéndolas en círculos, nuestros antepasados deseaban quizá dotar de sentido y evocar sentimientos de familiaridad en una naturaleza inhóspita, hostil y salvaje. Aún hoy, nada hay más reconfortante para los caminantes y montañeros que la presencia de *cairns*, esos montones de piedras que no sólo ayudan a encontrar el camino en medio de la nieve o la niebla sino que evocan sentimientos de solidaridad y generosidad humanas. Las piedras, que en un principio eran simples marcas en el paisaje o señalaban lugares en los que se realizaban rituales, fueron adquiriendo con el tiempo un carácter sagrado. El humilde menhir o monolito fue mutando de tamaño hasta convertirse en zigurat, de ahí en pirámide, luego en templo griego y así hasta llegar a la catedral gótica, con su remedo de bosque de columnas arbóreas, sin olvidar que una de las religiones más influyentes del mundo, la cristiana, tiene su origen fundacional en una piedra. Además de servir de material de construcción para nuestros recintos sagrados, las piedras han sido utilizadas a lo largo de la historia en rituales para facilitar los partos, curar la ictericia, producir la lluvia, hacer salir el sol, aplacar el viento, transferir los malos espíritus y, sobre todo, como armas y proyectiles mortíferos. Por todo lo cual creo que hay razones suficientes para aplicar a los seres humanos en general otro estupendo calificativo: el de *litólatras* o 'adoradores de piedras'.

Pero quienes realmente saben de piedras son los geólogos. La ciencia que profesan—la geología—trata, según el diccionario de la Real Academia:

> ... de la forma exterior e interior del globo terrestre, de la naturaleza de las materias que lo componen y de su formación, de los cambios o alteraciones que éstas han experimentado desde su origen, y de la colocación que tienen en su actual estado.

Para recorrer y apreciar en toda su magnitud los ochos kilómetros de costa que separan Zumaya de Deva, soy consciente de que necesito algo que no poseo: la «mirada» de un geólogo. Todos nacemos con órganos de visión, pero no todos vemos las mismas cosas. «El árbol, que hace brotar en algunos lágrimas de felicidad, en la mirada de otros no es más que un objeto verde que se interpone en el camino», escribió William Blake. Si durante una caminata por la montaña me detuviera con un geólogo ante una superposición de estratos o un afloramiento rocoso, yo estaría casi ciega; él, en cambio, vería cientos de cosas y cada una de ellas le contaría una historia: un lecho lacustre, una glaciación, una colada volcánica... Y es que los órganos naturales, los ojos, requieren de la imaginación y de la intuición para ver. Todos los científicos geniales han desarrollado una especie de visión intuitiva, una capacidad de discernimiento que se puede ir refinando hasta convertirse en una potente lente que permite divisar regiones inexploradas alejadas del pensamiento establecido y, en ocasiones, hacer descubrimientos transcendentales. Como los de Galileo Galilei, quien en 1609 examinó el cielo nocturno con un telescopio de fabricación casera y contempló por primera vez los cráteres de la luna, los satélites del planeta Júpiter y las estrellas de la Vía Láctea. O los del tallador de lentes holandés, Anton van Leeuwenhoek, quien en 1674 miró por un rudimentario microscopio construido por él mismo y contempló maravillado las huestes de organismos que pueblan una gota de agua así como la presencia de «numerosos animáculos» en el esperma. Gracias a su visión intuitiva, uno descubrió el mundo de lo infinitamente grande y el otro se internó por primera vez en el universo de lo infinitamente pequeño.

> El único viaje verdadero [...] no sería ir hacia nuevos paisajes, sino tener otros ojos.
>
> MARCEL PROUST,
> *La prisionera*

La costa se reveló a mediados del siglo XVIII como el lugar privilegiado para estudiar la historia de la Tierra. Entre los acantilados, mentes inquisitivas y audaces como la del escocés James Hutton (1726-1797) fueron capaces de escuchar el tiempo pretérito atrapado en las rocas e interpretar los enigmas de la Tierra. Hutton era un caballero ilustrado al que le interesaba casi todo: la mineralogía, la química, la agricultura e incluso la metafísica. Aunque su pasión era el estudio de la corteza terrestre y las rocas, propuso teorías sobre la lluvia y estudió los mecanismos de la herencia. Hutton había observado en su propia finca agrícola que el suelo se creaba por la erosión de las rocas y que los ríos y el agua de lluvia arrastraban partículas de ese suelo y las depositaban en otros lugares y en el mar. Pero fue en Siccar Point, un promontorio rocoso en la costa este de Escocia, donde la mirada de James Hutton dejó de ver la línea costera y todos sus accidentes tal como lo dictaba el pensamiento de su tiempo, es decir, como los vestigios de un antiguo cataclismo bíblico, el Diluvio. Él logró percibirlos en cambio como el resultado de un proceso de desgaste, erosión y transformación inmemorial e incesante. Al observar un afloramiento rocoso en el que estratos de arenisca roja aparecían inclinados sobre estratos de esquistos verticales mucho más antiguos, Hutton intuyó con una increíble perspicacia la formación de la corteza terrestre como un proceso dinámico de erosión, sedimentación, colmatación y elevación. Este proceso se desarrollaba a lo largo de millones de años propiciado por el calor interno de la Tierra, y durante el cual enormes estratos de roca se plegaban como mantas, se creaban continentes o se elevaban cadenas de montañas. Y así, en una lenta coreografía, la corteza continental y la oceánica iban intercambiando sus puestos en un proceso continuo de transformación y cambio. Hutton también dedujo que los fósiles marinos, cuya presencia en la cumbre de las montañas tanto asombro venía suscitando desde la Antigüedad, se habían elevado con las propias montañas y no a consecuencia de las inundaciones bíblicas. Su amigo, el matemático de Edimburgo John Playfair, presente en el momento en que Hutton describía las implicaciones de aquellas formaciones rocosas en Siccar Point, escribió: «parecía que la mente sintiera vértigo al asomarse a la tremenda profundidad del abismo del tiempo».

Percibir el abismo del tiempo—el tiempo geológico—fue la aportación más extraordinaria de James Hutton a la historia de la ciencia: el descubrimiento de que la mayoría de procesos terrestres requieren eones de tiempo para su formación y que la aparente inmovilidad de las montañas y las costas no es más que una ilusión creada por la brevedad de la vida humana. Ese vértigo es comprensible si consideramos que, pese a su talante científico, para la sociedad en la que vivía inmerso John Playfair el libro bíblico del Génesis seguía dictando cómo fue creada la Tierra. Dios había hecho, de una vez y para siempre, los cielos, los mares, las montañas y todas las criaturas en una serie de etapas sucesivas y, según la Biblia, el comienzo del mundo había sido un acontecimiento relativamente reciente. En el siglo XVII se formularon varias teorías ingeniosas sobre el origen de la Tierra, todas ellas basadas en la Biblia. La más conocida de todas es la que planteó James Ussher, arzobispo de

Armagh, Irlanda, quien tras un concienzudo estudio de las Escrituras y de otras fuentes históricas llegó a la conclusión de que la Tierra había sido creada a las nueve de la mañana del 23 de octubre del año 4004 a.C. La cronología de la creación de Ussher siguió apareciendo en las notas marginales de las biblias inglesas hasta principios del siglo XIX. ¿Sorprendente? En absoluto. Según una encuesta realizada en 1991 en Estados Unidos cien millones de estadounidenses creían que Dios creó al hombre a su imagen y semejanza hace unos diez mil años, mientras que otra de 2005 reveló que el cuarenta y cuatro por ciento de la población estadounidense seguía defendiendo el creacionismo frente a la teoría de la evolución de Darwin.

Volviendo a James Hutton y a sus revolucionarias teorías, la ciencia no asumiría sus planteamientos hasta dos siglos más tarde, cuando se aceptó la teoría de la tectónica de placas, aunque tampoco se puede decir que hallaran un gran eco mientras estuvo vivo. A decir de todos los que le trataron, Hutton era un hombre encantador y extremadamente amable, pero tenía un defecto. Ahora diríamos que era un pésimo comunicador. Cuando daba conferencias, el público o bien se dormía o bien salía tan ignorante como había entrado en la sala. Las cosas no mejoraban cuando se ponía a escribir. Durante diez años redactó los cinco volúmenes de *Theory of the Earth* ('Teoría de la Tierra') en una prosa tan farragosa que resultaba casi ininteligible. Por suerte Hutton tuvo su amanuense en su fiel amigo John Playfair, que no sólo le acompañaba con asiduidad en sus correrías geológicas sino que comprendía perfectamente sus ideas. En 1802, cinco años después de la muerte de Hutton, Playfair publicó en una prosa fluida una versión simplificada de la obra de Hutton, titulada *Illustrations of the Huttonian Theory of the Earth* ('Ilustraciones de la teoría huttoniana de la Tierra'), logrando para su amigo el título de «padre de la geología» y convirtiendo Siccar Point en el lugar donde cambió para siempre el concepto de tiempo.

Mientras Hutton recorría la costa y las montañas de Escocia en busca de pruebas para su teoría sobre la formación de la corteza terrestre, en el País Vasco tres caballeros ilustrados se daban cita en el palacio Insausti en Azkoitia para hablar de ciencia y encontrar formas de hacer progresar la sociedad a través del conocimiento y la educación. Eran Xabier Munibe, conde de Peñaflorida y propietario del palacio; Joaquín María de Eguía, marqués de Narros, y Manuel Ignacio de Altuna, amigo íntimo de Rousseau. Así surgió la Academia de Azkoitia, en la que se acogía a todas las personas de los alrededores con inquietudes intelectuales: las noches de los lunes se hablaba de matemáticas; los martes, de física; los miércoles, de historia; los jueves se reservaban para la música y se organizaban conciertos; los viernes se dedicaban a la geografía; los sábados, a asuntos más distendidos; y los domingos, de nuevo a la música. Estas animadas tertulias, en las que no faltaban la comida y la bebida, fueron el germen de lo que en 1765 se convirtió en la Sociedad Vascongada de Amigos del País, institución pionera para promover el progreso del País Vasco y primera sociedad ilustrada de España. Uno de los logros más destacados de la Sociedad fue la creación en 1776 del Real Seminario de Bergara, centro internacional de investigación científica y docencia que en 1778 fue complementado con un laboratorio que llegaría a convertirse en uno de los más avanzados de Europa. El profesorado del Seminario de Bergara incluía, entre otras eminencias, al químico francés Joseph Louis Proust, descubridor de la ley de las proporciones definidas, al experto sueco en mineralogía Anders Nikolaus Thunborg y al catedrático de química François Chavaneau, que consiguió la purificación y maleabilidad del platino. En 1783 los hermanos de origen vascofrancés Juan José y Fausto de Elhuyar, profesores de mineralogía, ciencias subterráneas y metalurgia, extraordinariamente dotados ambos para todo lo relacionado con las rocas y minerales, descubrieron y aislaron un nuevo elemento químico, el que llevaría el número 74 de la tabla periódica de los elementos: el wolframio o tungsteno, que mucho tiempo después contribuiría a encender millones de bombillas eléctricas en todo el mundo.

Otro dato curioso de la Bergara de la segunda mitad del siglo XVIII: de los doscientos hogares que componían la población, once estaban suscritos a la Enciclopedia de Diderot y D'Alembert, hecho que me hace sentir cierto orgullo, ya que mi abuelo materno, Jesús Barrenechea de Arando y sus ancestros eran oriundos de Bergara. Aunque carezco de pruebas, me gusta pensar que quizá mis antepasados pertenecieron a ese pequeño círculo de ilustrados guipuzcoanos.

Obviamente ninguno de los hermanos Elhuyar tuvo nunca conocimiento del papel que desempeñarían en la futura iluminación del planeta, pero a uno de ellos, Fausto, que vivió hasta 1833, sin duda le llegó la noticia del nacimiento de la geología como ciencia. Dicho nacimiento tuvo lugar de manera informal en invierno de 1807 en Londres, cuando trece entusiastas de las piedras se reunieron en la Freemasons' Tavern en Covent Garden para fundar la Sociedad Geológica mientras cenaban y se tomaban unas copitas de madeira. No se puede decir que la geología gozara de popularidad en sus comienzos. De hecho, para pertenecer a este tipo de sociedades científicas había que disponer de una holgada fortuna; a los miembros de la Sociedad Geológica en concreto se les conocía como los «caballeros del martillo» porque, además de levita y chistera, portaban siempre esa herramienta para tomar muestras durante sus salidas de campo. Para 1830 el número de caballeros aficionados a la geología y miembros de la sociedad había ascendido a setecientos cuarenta y cinco. Fue entonces cuando apareció en escena otro geólogo legendario: Charles Lyell (1797-1875). Escocés como James Hutton, era, a diferencia de éste, un gran comunicador. Formado como abogado antes que geólogo, su experiencia en la práctica del derecho le dotó de un estilo literario no sólo conciso y elegante, sino también sugerente y evocador. En 1833 publicó en tres volúmenes sus *Principles of Geology: being an attempt to explain the former changes of the Earth's surface, by reference to causes now in operation* ('Principios de geología: un intento de atribuir los cambios de la superficie terrestre a causas ahora operantes'), obra en la que desarrolló y consolidó muchas de las ideas que había formulado Hutton una generación antes. Lyell había viajado por toda Europa en busca de pruebas para unas teorías cuyo argumento principal era que *la clave del pasado residía en el presente*. Después de recorrer los volcanes de Auvernia en Francia, recaló en la bahía de Nápoles, donde visitó los restos del templo de Serapis en Pozzuoli. En él encontró pruebas de las variaciones del nivel de mar en las tres columnas que quedan en pie del templo romano: en la parte superior el mármol presentaba numerosas marcas de perforaciones producidas por el molusco *Lithodomus*, lo que demostraba que estuvieron cubiertas por el mar en tiempos recientes. Subió al Vesubio, visitó la isla volcánica de Isquia, ascendió al Etna y recorrió Sicilia entera.

En el verano de 1830, y acompañado del farmacéutico y geólogo catalán Francesc de Bolòs, Lyell visitó la región volcánica de Olot, en Gerona, a cuyos volcanes dedicó diez páginas en el tercer volumen de *Principles*. Ese mismo verano encontró materiales calcáreos con abundantes fósiles marinos en la cima del monte Perdido en los Pirineos. Desde Luchon continuó el viaje hasta Bayona, en cuya costa cercana—quizá en San Juan de Luz o en Hendaya—quedó impresionado por las formaciones sedimentarias conocidas como flysch, también mencionadas en *Principles*. La influencia del libro de Charles Lyell fue inmensa. Se llegaron a agotar doce ediciones de esta obra que le aportó fama y dinero y que fue traducida a numerosos idiomas (al español, en 1838, por el geólogo Joaquín Ezquerra del Bayo). Cuando en 1841 viajó a Estados Unidos para dar una serie de conferencias, hasta tres mil personas llegaron a agolparse en el Instituto Lowell de Boston para oírle hablar de temas tan inquietantes, pongamos por caso, como las perturbaciones sísmicas en la Campania. De repente la geología se había convertido en el tema de moda en las reuniones sociales y todo aquel que se tuviera por un buen conversador debía estar mínimamente versado en la materia.

Charles Lyell tuvo también una influencia decisiva sobre otro gigante de la ciencia del siglo XIX: Charles Darwin. El joven Darwin se llevó el primer tomo de su obra como material de lectura cuando una desapacible noche de diciembre de 1831 embarcó en el *Beagle* para dar comienzo a su trascendental viaje alrededor del mundo. Entre mareo y mareo, Darwin no sólo leyó a Lyell, sino que devoró sus libros, hasta el punto de aprender a mirar el mundo a través de sus ojos y a ser capaz de contemplar el paisaje como algo dinámico a partir de su aspecto actual.

1. «El abrupto trazado de la costa vasca no siempre permite caminar junto a la línea costera. Cada vez que regresaba de una obligada incursión por el interior y me reencontraba con el mar tenía que hacer un alto».

2. «A la altura de la playa de Les Cavaliers apareció la primera figura humana en el paisaje [...] En la línea del horizonte el cielo se había vuelto color tinta, mientras la enorme extensión de agua iba adquiriendo sombríos tonos verde-grisáceos».

3. «... cuando llegué a la Grande Plage había amainado la lluvia [...] un joven alto con una sudadera roja y la capucha puesta permanecía inmóvil contemplando quizá las evoluciones de alguien conocido en el agua».

4. «En la cima de una colina con impresionantes vistas sobre el mar se alza un extraño castillo de aspecto incongruente en aquel mundo de acantilados, montañas y caseríos vascos. Es el castillo de Abbadia».

5. «… las areniscas de Jaizkibel se han formado, deformado y reformado a lo largo de millones de siglos y su aspecto actual no es más que otra fase en los ciclos […] que sufren las rocas».

6. «Habíamos salido muy temprano de Deva y subido a la ermita de Santa Catalina, desde donde se podía divisar […] el tramo más agreste, hermoso y de mayor relevancia geológica de toda la costa vasca».

7. «... entonces llegamos a Labetxu [...] Bajo la dorada luz del atardecer aquel lugar conocido como el "valle de los colores" no parecía de este mundo».

8. «En Sakoneta pudimos bajar a la espectacular plataforma de abrasión o rasa mareal que queda al descubierto tras la retirada del mar. [...] allí estaba yo, caminando sobre un mar petrificado».

9. «En este hermoso paraje (Urdaibai) que cambia de aspecto cuatro veces al día al ritmo de las mareas se encuentra Laida, una de mis playas favoritas. [...] Creo que no hay mejor antidepresivo que nadar en el mar. Es algo que deberíamos practicar todos cuando nos sentimos bajos de moral. Cuando te sumerges en el agua dejas atrás todas las preocupaciones, todas tus miserias, como un perro cuando se sacude las pulgas. Aquella mañana, en un lugar tan amplio como Laida, abierto al horizonte y rodeado de suaves y verdes montañas, sentí que el tiempo pasaba más despacio, como si una simple mañana equivaliera a unas largas vacaciones. [...] Tras nadar un buen rato en las aguas de Laida frente a la isla de Izaro me tumbé en la arena a secarme al sol y, con la cabeza cómodamente apoyada en la mochila, disfruté durante un rato de mi propia versión de paraíso perdido».

10. «Mientras descendía por la pista hacia la cumbre de Aznabarra, la nube se disolvió y apareció el mar con la inconfundible silueta de San Juan de Gaztelugatxe recortándose a los lejos». © Mikel Madinabeitia.

11. «Cada vez que contemplo la imagen *vintage* del fotógrafo "naturista" alemán Kurt Reichert me identifico con los despreocupados jóvenes de la fotografía y vuelvo a recordar vívidamente aquella memorable tarde de verano en el lago».

... tengo la sensación de que mis libros salen de la mitad del cerebro de Lyell [...] pues siempre he creído que el gran mérito de los *Principles* era que alteraba el tono completo del propio pensamiento y, por consiguiente, que cuando se veía una cosa nunca vista por Lyell, uno lo seguía viendo parcialmente a través de sus ojos.[1]

Uno de los pasajes más emocionantes y *lyellianos* de los diarios de Darwin es su relato de la ascensión al cerro de la Campana en los Andes chilenos.

Pasamos el día en la cima y nunca disfruté de otra cumbre tan a fondo [...] ¿Quién podría abstenerse de admirar la fuerza maravillosa que ha levantado esas montañas y, lo que es más, las épocas incontables que han sido necesarias para que se abrieran paso, cambiaran de lugar y se elevaran en macizos completos? [...] No dudemos de que el todopoderoso tiempo sea capaz de reducir montañas—incluso la gigantesca cordillera—a gravilla y barro.

Desde el cerro de la Campana, la mirada de Darwin no sólo recorría el espacio que le circundaba, sino que también era capaz de viajar hacia atrás en el tiempo hasta descubrir el espectacular pasado oculto de la Tierra y de allí hacia el futuro, cuando aquellas enormes cimas de los Andes estuvieran desintegradas y reducidas a polvo para que el ciclo se reanudara de nuevo.

Principles of Geology de Lyell y las obras que se publicaron tratando de emular su éxito prepararon la imaginación europea para enfrentarse al hecho de la enorme antigüedad de la Tierra. Pero fue una ciencia hermana, la paleon-

[1] *Cartas de Darwin (1825-1859)*, trad. de Ana María Rubio Díez, Madrid, Cambridge University Press, 1999.

tología—literalmente, 'estudio de los seres antiguos'—, la que llegaría a alcanzar inusitadas cotas de popularidad durante el siglo XIX. A los humanos nos atraen los monstruos y las criaturas extravagantes, y eso fue lo que el aristocrático naturalista y geólogo Georges Cuvier (1769-1832) presentó en 1804 en el Instituto Nacional del París, ante un público que le escuchaba extasiado. Cuvier, notable anatomista, tenía una portentosa capacidad de reconstruir animales a partir de un solo hueso o de un único diente. Lo que mostró aquel día en París entre grandes exclamaciones de asombro fue el esqueleto completo de un mamut lanudo. Pero el dato más significativo de su exposición fue que habló por primera vez de la extinción de las especies. Aquel enorme animal había habitado en Francia en un pasado remoto y pastado quizá en el cercano bosque de Fontainebleau, para después, él y toda su especie, desaparecer para siempre. La idea era tremendamente audaz y, una vez más, volvía a chocar de pleno con las Sagradas Escrituras. ¿Cómo era posible que Dios, en su infinita bondad y sabiduría, hubiera creado seres para luego desecharlos y borrarlos de la faz de la Tierra? Algunos se escandalizaron, pero otros, como el famoso escritor Honoré de Balzac, se mostraron entusiasmados con las teorías de Cuvier: «¿No es Cuvier el poeta más grande de nuestro siglo?», escribió lleno de admiración, y proseguía:

> ... nuestro inmortal naturalista ha reconstruido mundos con huesos blanqueados, [...] busca en un trozo de yeso, encuentra una huella y exclama: «¡Mirad!». De pronto, los mármoles se animalizan, la muerte se vivifica, el mundo se manifiesta.[1]

[1] Honoré de Balzac, *La piel de zapa*, trad. de Violeta Pérez Gil, Barcelona, Siruela, 2004.

Como si Cuvier hubiera dado el pistoletazo de salida, los fósiles empezaron a aflorar por doquier, corroborando sus teorías sobre la existencia de animales pretéritos que habitaron antaño en una Tierra completamente diferente a la nuestra. Surgió una auténtica fiebre por descubrir fósiles. Gente armada de martillos, cestos y cepillos blandos escalaba montañas o peinaba acantilados en busca de esos extraños vestigios del pasado. Entre las personas adineradas se puso de moda tener en el salón de sus casas un «armarito de curiosidades», una especie de archivador con filas de cajoncitos extraíbles con tapa de cristal, divididos en celdas, donde se colocaba un fósil cuidadosamente etiquetado: un diente de tiburón, un trilobite o la delicada impresión de una fronda de helecho sobre roca caliza.

Como amante de las piedras, los fósiles—naturaleza petrificada según Goethe—me parecen su expresión más poética. Son el molde, la impresión o las huellas de actividad de seres que vivieron hace miles o millones de años y cuyos cuerpos al morir encontraron sepultura en las rocas sedimentarias. La posibilidad de que un ser vivo no se descomponga y llegue a convertirse en piedra es remota, de ahí que el registro fósil sea relativamente escaso y cada uno de ellos un auténtico tesoro. La mayoría de rocas que pueden contener huellas de seres vivos quedan atrapadas por los grandes mecanismos de la tierra, sepultadas a miles de metros de profundidad para luego ser horneadas y metamorfizadas por el calor y la presión, borrando para siempre toda huella de su preciosa carga del pasado. A veces poblaciones enteras de moluscos o corales pueden llegar a fosilizarse conformando gruesos estratos de roca; o puede que sólo uno entre millones alcance esa forma de inmortalidad pétrea. Los organismos con mayor posibilidad de fosilizarse son los que cuentan con tejidos duros, como conchas, madera o huesos, y viven en o cerca de medios acuáticos. Como escribe Richard Fortey en su fantástico libro *La vida: una biografía no autorizada*, «es posible que las cumbres montañosas del Jurásico estuvieran pobladas de fabulosos dragones crestados que nunca conoceremos». Los fósiles también poseen un inmenso valor práctico para los geólogos en tanto que «etiquetas» o indicadores para datar la edad de los estratos rocosos en los que aparecen o para señalar, con su ausencia, esas extinciones masivas de seres vivos que tanto escandalizaron en tiempos de Cuvier.

En el siglo XIX hubo varios ilustres paleontólogos y las luchas y diatribas que mantuvieron por hacerse con la gloria de haber descubierto algún animal extinto llegaron a ser legendarias. Sin embargo, mi favorita es una figura oscura y discreta, la de una mujer llamada Mary Anning (1799-1847), poseedora de un extraordinario talento natural para detectar y extraer fósiles de los acantilados de Lyme Regis, el pueblo de la costa de Dorset donde residió durante su corta vida. Mary, que cuando contaba poco más de año y medio fue alcanzada de lleno por un rayo y vivió para contarlo, aprendió de su padre, un modesto ebanista, a recoger fósiles en la costa cercana a su casa con cuya venta redondeaba los modestos ingresos de la familia. A su muerte, y con sólo doce años, Mary prosiguió sola el «negocio» de los fósiles montando una mesa de «curiosidades», principalmente amonites y belemnites, cerca de la posada local, para vendérselos a los cada vez más numerosos visitantes de la localidad. Inició su notable carrera como paleontóloga con trece años, después de que una tormenta provocara un corrimiento de tierras en el acantilado. Descubrió, incrustado en las inestables rocas de la ahora llamada Costa Jurásica, el esqueleto de un extraño monstruo marino fosilizado de cinco metros de longitud, conocido hoy como *ictiosaurio* ('pez lagarto'). Encontró también el primer *plesiosaurio* ('casi lagarto'), otro reptil marino de largo cuello, así como un *pterosaurio* ('lagarto alado').

No hay nada como la visita a la sala de reptiles fósiles del Museo de Historia Natural de Londres para percatarse de lo que puede llegar a ser capaz un ser humano dotado de pasión por el descubrimiento. Cuando uno se encuentra frente a los esqueletos de esos enormes y extraños animales es imposible no sentir asombro ante la labor realizada en soledad y con las herramientas más elementales por aquella mujer autodidacta, nacida en la época equivocada. Un retrato que cuelga junto a sus portentosos descubrimientos la muestra como una mujer menuda y poco atractiva, ataviada con capa y sombrero verdes, cesto y martillo para recoger fósiles y, a su lado, su inseparable perro *Tray*, muerto durante uno de los frecuentes corrimientos de tierras de los acantilados de Dorset. Durante su vida, la comunidad científica consideró a Mary Anning una intrusa, algo que no debe extrañarnos teniendo en cuenta que la Sociedad Geológica no permitía a las mujeres ni siquiera asistir a sus conferencias y debates y mucho menos convertirse en miembros, y pese a que con el tiempo llegó a adquirir una gran erudición en la materia y a ser capaz de rebatir públicamente las teorías de algunos paleontólogos, siempre fueron otros quienes escribieron los artículos científicos de sus descubrimientos y pusieron nombre a los seres que ella iba sacando a la luz. Mary Anning mantuvo correspondencia con Charles Lyell y fue amiga de varios geólogos y paleontólogos, como Louis Agassiz y Henry de la Beche, presidente de la Sociedad Geológica de Londres, quien a su muerte, a los cuarenta y siete años, escribió un obituario en las actas trimestrales de la sociedad en el que alababa su talento y contribución a la ciencia de la paleontología. Charles Dickens también escribió un extenso artículo sobre su vida que concluía: «La hija del ebanista se ha ganado una merecida fama».

Mientras Mary Anning hallaba monstruos marinos y alados en los acantilados de Dorset—prueba de que en el mundo habían vivido criaturas asombrosamente distintas a las actuales—, en otros lugares iban apareciendo vestigios de seres que llegarían a alcanzar gran popularidad y a ejercer una inmensa fascinación sobre los humanos: los dinosaurios, término acuñado en 1841 por el paleontólogo británico Richard Owen. *Dinosaurio* significa 'lagarto terriblemente grande', denominación bastante impropia si consideramos que eran reptiles y no lagartos (éstos pertenecen a un linaje al menos treinta millones de años más antiguo que los dinosaurios). Remito al lector interesado en la historia del descubrimiento de las diferentes especies de dinosaurios a la instructiva y divertida obra de Bill Bryson, *Una breve historia de casi todo*. En el capítulo titulado «Grandes y sangrientas batallas científicas», el autor describe los odios feroces y duraderos que se desataron entre paleontólogos a medida que aparecían vestigios de esos falsos lagartos. Y entre los protagonistas de esas batallas destaca el mencionado Richard Owen, el malo de un melodrama decimonónico al que Bryson describe como «un individuo adusto y siniestro, de cabello largo y lacio y un rostro apropiado para meter miedo a los niños», y capaz, al parecer, de cualquier cosa con tal de hacerse con la gloria de un descubrimiento. Dejaremos de momento aquí a los dinosaurios. Ya es hora de volver a los acantilados de Zumaya, que, por otra parte, también albergan mensajes ocultos de esos fascinantes seres extinguidos hace sesenta y cinco millones de años.

UN VIAJE EN EL TIEMPO

> ... cuando trato de imaginar un amor
> puro
> o el día de mañana, lo que oigo es el
> murmullo
> de corrientes subterráneas, lo que veo es
> un paisaje de roca caliza.
>
> W. H. AUDEN, «Elogio de la roca caliza»

Una mañana, meses después de terminar la caminata por la costa vasca, tomé un tren en Bilbao para, aprovechando las mareas vivas, disponer de varias horas y recorrer, a pie de acantilado, el tramo Deva-Zumaya. En la estación de Deva me esperaba, armado con su cámara, mi buen amigo Beltri, dispuesto una vez más a guiarme por esos senderos marinos de los que conoce casi todos sus secretos. Aquel día tomó muchas fotografías, casi todas excelentes como acostumbra, pero hay una que me fascina especialmente y que no me canso de mirar. En ella aparezco yo, diminuta, caminando por la plataforma rocosa que ha quedado al descubierto tras la retirada del mar. A mi derecha, acantilados verticales; a mis pies, esos mismos acantilados, transformados ahora en una inverosímil geometría de dientes de sierra tras haber sido arañados durante siglos por el embate de las olas; al fondo, el mar, extrañamente lejano y, sobre mí, un inmenso cielo punteado por dramáticas nubes grises. Lo que destaca en esa fotografía es la belleza elemental del eterno juego de las rocas y el agua, y al verla tengo la impresión de que los tritones, sirenas y otros seres acuáticos que Arnold Böcklin pintaba retozando en los acantilados resultarían más acordes en ese paisaje primordial que una pequeña figura avanzando penosamente con su mochila, botas y bastones.

Habíamos salido muy temprano de Deva y subido a la ermita de Santa Catalina, desde donde se podía divisar, todavía cubierto por el mar, el tramo más agreste, hermoso y de mayor relevancia geológica de toda la costa vasca (véase imagen 6). Un sendero nos condujo en suave pendiente a través de praderas y bosques de encinas hasta la ensenada de Mendata. A partir de aquí disponíamos de unas seis horas para llegar a nuestro destino antes de que el agua volviera a cubrirlo todo. En Sakoneta pudimos bajar a la espectacular plataforma de abrasión o rasa mareal que queda al descubierto tras la retirada del mar (véase imagen 8). Recordaba Sakoneta de un fin de semana *romántico* que pasé allí hace muchos años. Para mí entonces era una playa salvaje y recóndita, un lugar en el que alejarse del mundo, y no creo haber reparado un solo instante en sus tesoros geológicos, no era el momento. Ahora venía preparada para disfrutarlos al máximo, pues siguiendo el consejo de Goethe de que cada objeto bien contemplado crea un órgano de visión en nosotros me había sumergido en la lectura de guías y libros y había visto documentales para desarrollar mi rudimentaria *visión geológica*. Nos pusimos a caminar hacia el este, en dirección a Zumaya, y a medida que lo hacía me fui sumergiendo en el paisaje y tratando de imaginar cómo se había formado. Entonces, de pronto, el tiempo me engulló. Hace cincuenta millones de años aquella costa y todo el País Vasco estaban sumergidos bajo el mar, en cuyo fondo se fueron depositando en forma de continua nevada los caparazones de pequeños animales muertos que se iban colmatando y transformando en duras capas de roca caliza. Cuando las placas de la península ibérica y la europea chocaron, se produjeron enormes presiones tectónicas que dieron lugar, en un proceso de una lentitud desmesurada que duró treinta millones de años, a la formación de los Pirineos, a las montañas del País

Vasco y a los acantilados que estábamos recorriendo. Y allí estaba yo, caminando sobre un mar petrificado, plegado y levantado en paredes verticales, en medio de un paisaje que induce, por encima de todo, a reflexionar sobre el tiempo.

El tiempo es una imagen móvil de la eternidad, escribió bellamente Platón. Todos los seres humanos experimentamos cómo se nos escurre el tiempo entre los dedos, sensación que se acrecienta preocupantemente a medida que envejecemos. «¡Detente, instante, eres tan bello!», escribió Goethe en *Fausto*. ¿Quién no ha deseado atrapar algunos momentos de su vida, congelarlos, demorarse en ellos? Quizá por eso cada segundo se toman tantos millones de fotografías de personas, animales, plantas, monumentos y paisajes en todos los rincones del planeta. Al parecer somos la única especie consciente de que nuestro tiempo es finito y también la única que ha ideado sistemas para medirlo con la mayor precisión. A diferencia de otros seres vivos, los humanos nos esforzamos por ocupar nuestro tiempo en miles de tareas, quizá porque es una manera de anestesiarnos contra su inexorable discurrir. El tiempo es diferente según los seres que lo experimentan. Para los insectos, un minuto es un día, una hora un año y una estación, toda una vida. Un roble tarda trescientos años en crecer, trescientos en desarrollarse y trescientos en morir, y todavía existen secuoyas y abetos que han superado los cinco mil años de edad, mientras que una vida humana, por larga que sea, no sumará más de unas seiscientas cincuenta mil horas. Las rocas más antiguas de la Tierra tienen cuatro mil millones de años y se pueden contemplar en Canadá, Australia y Groenlandia. Desde los humildes guijarros de una playa hasta las estrellas que salpican el cielo nocturno, todo nos habla de tiempo. Y el tiempo nos habla de cambio. La aparente inmutabilidad de las montañas, los acantilados y los cañones de los ríos no es sino un reflejo de la fugacidad de nuestro tránsito por la Tierra, algo que puede resultar inquietante o incluso aterrador. Recordé las palabras de Robert Macfarlane ante el dramático paisaje calizo de Burren, Irlanda: «La certeza de que nuestro cuerpo forma parte de un ciclo de desintegración y reconstrucción en un tiempo ilimitado nos otorga una suerte de turbadora inmortalidad». Mientras avanzaba por los acantilados tuve una sensación profundamente estimulante y consoladora: fui consciente del enorme privilegio de estar allí, viva, en aquel preciso momento, formando parte de tan imponente escenario. Un escenario que volverá a quedar sumergido bajo las aguas y a emerger de nuevo transformado en esa incesante coreografía terrestre que James Hutton intuyó en la costa de Escocia.

El elemento clave de los acantilados que componen la costa desde Motrico hasta Zumaya es un imponente afloramiento rocoso conocido como flysch, una alternancia de capas de roca caliza (claras y duras) y de margas (más blandas y oscuras). Estos estratos abarcan sesenta millones de años de historia del planeta y permiten contar el tiempo a medida que uno avanza: un estrato formado de una capa de margas y de otra de caliza equivale a unos veinte mil años, lo que tardaron en formarse. Cinco estratos y has recorrido cien mil años o, lo que es lo mismo, mil siglos comprimidos en unos centímetros de roca. Y la prueba de que esos acantilados surgieron del mar es la presencia de fósiles marinos que quedaron atrapados en ellos. Los más vistosos son sin duda los amonites gigantes que ahora se pueden contemplar en el Centro Nautilus de Motrico, pero los que más abundan en esta costa son los microfósiles de foraminíferos o *forams* en la jerga de los geólogos. De hecho, la roca caliza es un cementerio de millones de estas diminutas criaturas marinas que en algún momento estuvieron vivas y flotaban en el mar, tal como lo siguen haciendo en nuestros días en los mares de todo el planeta. Si tomamos un trozo de roca caliza y lo examinamos al microscopio, lo que aparecerá serán los caparazones fosilizados de esos animales. A la roca caliza debemos las estalactitas y estalagmitas, las cuevas y oquedades de las montañas por las que discurren secretas corrientes de agua o el acantilado redondeado en forma de gigantesca ola petrificada de la playa de Sakoneta. Y no lejos de esta playa, las rocas que componen los cercanos montes Andutz, Arno e Izarraitz contienen también vida petrificada ya que en tiempos remotos fueron arrecifes de coral.

Decididamente la caliza es una roca poética. La colina de Atenas sobre la que se levanta el Partenón, por ejemplo, es una necrópolis de esqueletos de crustáceos, corales y foraminíferos petrificados y surgidos del mar. Al recristalizar por el calor y la presión, la roca caliza se transforma en mármol, el material de las columnas de los templos griegos, de las estatuas de los dioses y de los héroes. Toda esa belleza ha sido posible gracias a los esqueletos blancos y porosos de humildes criaturas marinas. La naturaleza permeable y disolvente de la caliza inspiró a Wystan Hugh Auden uno de los poemas más bellos de la lengua inglesa, «In praise of limestone» ('Elogio de la roca caliza'). Auden, que había nacido en York, cuyas turberas son también un antiguo mar, adoraba la caliza y se sentía fascinado por las formas que puede llegar a adoptar el paisaje calizo debido a la erosión:

> Si forma ese paisaje que nosotros, los inconstantes, nunca
> dejamos de añorar, es sobre todo
> porque se disuelve en agua…

En estas rocas han dejado también su impronta otros animales de los que se desconoce la identidad. Son los icnofósiles o huellas de desplazamiento, alimentación o refugio de seres de cuerpo blando que reptaban por el fondo marino, donde dejaron bellas y misteriosas formas: espirales, rayas, cruces, círculos concéntricos, etcétera, que semejan a los petroglifos realizados por los seres humanos en las rocas de los bosques y paredes de las cuevas y que son los precursores de la escritura. Mis icnofósiles favoritos son los llamados *Rotundusichnium zumayensis* ('huellas esféricas de Zumaya'), enigmáticos círculos tan perfectamente concéntricos que cuesta pensar que fueran realizados por un animal. Curiosamente esas mismas huellas han sido fotografiadas no hace mucho desde un batiscafo a tres mil metros de profundidad en el océano Índico, lo que indica que aquella misteriosa criatura sigue viva. Las trazas de esos sigilosos seres fueron descubiertas por el geólogo Joaquín Gómez de Llarena, pionero en la investigación del flysch y cuyos trabajos sobre la costa de Zumaya atrajeron la atención de la comunidad científica internacional en la década de 1950.

La playa de Itzurun de Zumaya, punto final de nuestro recorrido, es una especie de *rock star* de la geología. Su estrellato comenzó en 1964, cuando apareció en la cubierta de un libro de la prestigiosa editorial estadounidense Springer. Luego vinieron las tesis doctorales sobre la zona, pero fue en la década de 1980 cuando Zumaya se convirtió en uno de los lugares predilectos de los geólogos para estudiar la gran extinción que tuvo lugar a finales del Cretácico y acabó, entre otras especies, con los pobres dinosaurios. Y el equivalente a los Oscar en geología le llegó cuando en 2010 la Comisión Internacional de Estratigrafía concedió y literalmente clavó en la playa de Itzurun dos *Golden Spikes* o clavos dorados, con lo que Zumaya pasó a ser un referente mundial para estudiar eventos geológicos concretos. Lo de los clavos dorados es un guiño al último clavo de oro que se colocó en el lejano Oeste al finalizar las obras de construcción del ferrocarril transcontinental para ensamblar las vías que unían ambas orillas de Estados Unidos.

Las rocas tienen memoria, y para explicar a los no iniciados cómo interpretan el flysch los geólogos lo comparan con un gran libro de piedra. Las capas de estratos serían las páginas del libro y en ellas están registrados millones de años de historia de la Tierra. El inicio de un nuevo capítulo estaría indicado por los límites geológicos que señalan un acontecimiento, generalmente catastrófico. Afloramientos de flysch hay muchos en el planeta, pero el libro pétreo que se extiende durante diez kilómetros desde Zumaya hasta Motrico presenta una continuidad casi perfecta en sus cortes y se formó en una época de gran tranquilidad tectónica, lo cual significa que es un «libro» muy bien cuidado con páginas que apenas presentan borrones, pliegues ni tachaduras, y de acceso relativamente fácil para los expertos. Al hablar de «memoria» de las rocas conviene recordar que si el carbono es el ingrediente indispensable y básico de los seres vivos—el alma de la vida—el silicio es el ingrediente esencial de la mayoría de minerales que componen las rocas. Al igual que sucede con el carbono, los átomos de silicio se unen unos con otros formando grandes moléculas, propiedad que los humanos han sabido aprovechar para desarrollar, a través de la tecnología del chip de silicio, los semiconductores y ordenadores que nos permiten, entre otras cosas, conservar nuestros recuerdos gráficos, textuales y sonoros en la multitud de aparatos y gadgets que conforman nuestra vida. Como escribe el paleontólogo Richard Fortey, «no es una coincidencia que la inteligencia de silicio represente el único rival posible para nuestro propio cerebro con base de carbono».

Quizá mucha gente que disfruta de la playa de Itzurun en verano no es consciente de que a sus espaldas están registrados una serie de dramas que tuvieron lugar en la Tierra cuando los humanos no habíamos puesto siquiera el pie en ella. Y es normal que no lo sea porque los llamados límites geocronológicos apenas representan unas finas capas de sedimentos casi ocultas entre los estratos. El llamado límite P/E es una zona rojiza «de anomalías isotópicas» que señala uno de los mayores calentamientos climáticos de la historia del planeta. Las implicaciones ambientales que se pueden deducir de esa fina capa de sedimentos rojizos no resultan nada tranquilizadoras y por ello despierta un enorme interés entre la comunidad científica internacional dado el cambio climático que estamos experimentando actualmente. El límite D/S, situado justo debajo de la ermita de San Telmo, señala para los geólogos un gran descenso del nivel del mar relacionado con movimientos tectónicos del fondo oceánico. El límite S/T señala un cambio en la polaridad magnética de la Tierra, es decir, que el norte magnético pasaba a ser el sur y viceversa; otro inquietante fenómeno nada infrecuente en la historia del planeta al decir de los expertos. La buena noticia es que estamos viviendo en uno de los períodos más tranquilos de la historia de la Tierra, geológicamente hablando, claro. El persistente proceso de erosión y desgaste de la corteza terrestre, los terremotos ocasionales o los maremotos que devastan periódicamente las costas de la tierra no son nada en comparación con los cataclismos que asolaron antaño nuestro planeta y que probablemente se volverán a repetir. Y así llegamos al límite K/T (Cretácico/Terciario),[1] el más conocido

[1] El límite geológico K/T señala la frontera entre el Cretácico, último período de la era Mesozoica, y el Terciario, o primer período de la era Cenozoica, en la que nos encontramos actualmente, cuando desapareció de golpe un enorme número de especies de animales y plantas (quinta extinción).

porque está relacionado con los dinosaurios, esos populares reptiles de formas extravagantes que fueron borrados de la faz de la tierra hace ahora sesenta y cinco millones de años y a cuya desaparición debemos los mamíferos nuestra existencia. El límite K/T está situado en la pequeña cala de Algorri. Una fina capa arcillosa y negruzca, de aspecto totalmente anodino e inofensivo, datada en 65,5 millones de años, señala la extinción del setenta por ciento de las especies vivas entonces en el planeta, entre ellas los citados dinosaurios, los amonites y un enorme porcentaje de nuestros conocidos forams. Aquella fue la quinta gran extinción en la historia de la Tierra, pero lo más preocupante, según los geólogos, es que nos encontramos inmersos en la sexta, con tasas de extinción mil veces superiores a lo normal debidas a la proliferación de una especie, la nuestra, y a nuestra insaciable necesidad de consumo, especialmente de combustibles fósiles. El humilde erizo de mar es una de las pocas especies que ha logrado sobrevivir a todas las catástrofes mencionadas, ya que sus necesidades permanecen inmutables desde hace setenta millones de años.

Pero volvamos al límite K/T y a la fascinante historia de qué produjo la extinción de los dinosaurios y el fin del también apacible período Cretácico.

¿DINOSAURIOS EN ZUMAYA?

Cuando se habla o leemos sobre los acantilados de Zumaya y el afloramiento rocoso conocido como flysch, no tardan en aparecer los dinosaurios. ¿Es que han dejado huellas de su paso por estas costas? ¿Han aparecido aquí sus huesos fosilizados? Las rocas recuerdan el pasado y lo que permanece registrado en estos acantilados es la extinción de estos míticos animales junto con el setenta por ciento de las especies presentes en el planeta hace sesenta y cinco millones de años. La «memoria» de ese acontecimiento se encuentra depositada en una fina capa de arcilla de color oscuro de un centímetro de espesor, conocida por los geólogos como límite K/T. Pero ¿cómo pueden reconstruir los geólogos acontecimientos que sucedieron hace millones de años a partir de una insignificante capa de arcilla? La historia comienza en el desfiladero de Bottaccione, cerca de la ciudad italiana de Gubbio. En el verano de 1975 un joven geólogo llamado Walter Alvarez llegó a los Apeninos para realizar su trabajo de campo relacionado con la tectónica de placas. En el desfiladero de Bottaccione aprendió a localizar el límite K/T, y a medida que lo iba localizando en un afloramiento rocoso tras otro los fósiles que aparecían o desaparecían en los estratos de roca caliza le contaban historias sobre una extinción en masa de seres vivos. El hecho más llamativo era la intensidad del cambio entre el Cretácico y el Terciario; pocas especies de fósiles, grandes y pequeños, habían atravesado el límite K/T. En los primeros estadios del Terciario la vida aparecía enormemente empobrecida. ¿Qué había sucedido? Pero lo que más le intrigaba era la presencia de una fina y oscura capa de arcilla de apenas un centímetro de espesor y carente de fósiles intercalada entre los estratos que delimitaban el cambio de era. ¿Podría esa arcilla decir algo valioso sobre la extinción masiva de vida al final del Cretácico?

Aunque Walter Alvarez todavía no lo sabía, esa arcilla contenía mensajes ocultos extraordinariamente interesantes. Provisto de varias muestras de ella, abandonó los trabajos geológicos que le habían llevado a los Apeninos y decidió averiguar lo que había provocado aquella extinción en masa de vida. Walter tenía muy buenos contactos. Su padre, Luis Alvarez, un prestigioso astrofísico, había sido galardonado con el Nobel de Física en 1968. Contagiado del entusiasmo de su hijo e intrigado por las historias que circulaban sobre el límite K/T se sumó a la investigación pensando que la combinación de física y geología podría resultar útil. Luis Alvarez también tenía buenos contactos y logró involucrar a los eminentes químicos Frank Asaro y Helen Vaughn Michel para que analizaran las muestras de arcilla. Los resultados fueron sorprendentes: contenían una concentración muy elevada de iridio, elemento abundante en el núcleo terrestre pero rarísimo en la superficie y presente, fundamentalmente, en los meteoritos y las supernovas. ¿De dónde provenía todo ese iridio? Ahora se conocen más de cien localidades K/T, tres de ellas en la costa vasca—Zumaya, Biarritz y Sopelana—, pero a finales de la década de 1970, además de Gubbio, sólo se conocía otra en Stevns Klint, al sur de Copenhague. Las muestras tomadas en esta localidad mostraron la misma anomalía del iridio y la arcilla danesa, negra, con olor a azufre y sin fósiles, representaba un fondo marino que se había convertido en un cementerio sin vida. Los Alvarez llegaron a la conclusión de que la afluencia de material meteórico estaba directamente relacionada con la extinción en masa y que ambas se debían a un meteorito que impactó sobre la corteza terrestre hace sesenta y cinco millones de años. En su emocionante libro *Tyrannosaurus rex y el cráter de la muerte*, en el que narra todas las peripecias de la investigación que les condujo a la ahora conocida como «Hipótesis Alvarez», Walter Alvarez escribe:

La muerte se acercaba desde el cielo, en forma de un enorme cometa o asteroide [...] Tenía probablemente diez kilómetros de diámetro, se desplazaba a decenas de kilómetros por segundo y su energía de movimiento poseía la capacidad destructora de cien millones de bombas de hidrógeno.

Las consecuencias del impacto para la Tierra fueron cataclísmicas. Una noche perpetua se instaló sobre el planeta. Los dinosaurios herbívoros, privados de alimento vegetal, murieron de hambre, seguidos de sus depredadores carnívoros, como el *Tyrannosaurus rex*. Los cambios de temperatura afectaron a millones de especies. Algunos autores hablan de lluvias torrenciales de ácido sulfúrico, de gigantescos tsunamis que barrían la faz de la Tierra y de pavorosos incendios. Un auténtico Armagedón.

En verano de 1979 Walter Alvarez asistió a un congreso que se celebró en Copenhague sobre la extinción del límite K/T, prueba del interés creciente sobre una cuestión que hasta entonces preocupaba a muy pocas personas. El debate científico sobre las causas de la extinción del Cretácico no había hecho más que empezar. Cuenta Alvarez que el primer día de congreso, mientras hacía cola para comer, se le acercó un joven alto y rubio que se presentó como Jan Smit, de Ámsterdam. «He leído su artículo sobre la anomalía del iridio en el *New Scientist*—le dijo Smit—y quiero decirle que he confirmado su descubrimiento. Tengo una sección del límite K/T realmente completa en Caravaca de la Cruz, en España, y ¡también tiene iridio anómalo!». Jan Smit había seguido los mismos pasos que los Alvarez, realizado los mismos complicados análisis y llegado a las mismas conclusiones. El filósofo de la ciencia Paul Feyerabend opina que lo que promueve el avance científico es una despiadada mezcla de ambición, competición, el deseo de ser el primero y de ganar al otro equipo. Pero, afortunadamente, en este campo también existen los caballeros, como Walter Alvarez y Jan Smit. Éste, en lugar de apresurarse a escribir un artículo para proclamar sus descubrimientos, trató sus análisis como una confirmación del de los Alvarez. Y, a su vez, Walter Alvarez consideró a Jan Smit el codescubridor de la evidencia del impacto.

La comunidad geológica no aceptó de buen grado la teoría del impacto como causa de la extinción y el debate se encendió. La catástrofe extraterrestre era demasiado apocalíptica, desprendía un tufillo bíblico de lluvias de fuego y azufre para una ciencia, la geológica, cómodamente instalada en el gradualismo de Lyell, según el cual todos los acontecimientos terrestres se producen lentamente a lo largo de millones de años. Pero a partir de la década de 1980 empezaron a salir a la luz límites K/T en todo el mundo hasta sobrepasar el centenar y todos presentaban la misma anomalía del iridio. Sin embargo, seguía faltando la prueba más importante. Si el impacto había sido tan dantesco, ¿dónde estaba el cráter que lo evidenciaba? Tras una larga y ardua búsqueda, en 1991 se localizó e identificó el lugar del impacto en el cráter de Chicxulub, nombre maya de una localidad de la península de Yucatán. El cráter tiene doscientos kilómetros de diámetro y yace sepultado por sedimentos y cubierto por selva tropical, por lo que resulta completamente invisible desde la superficie. Su descubrimiento se debió a los sensibles instrumentos utilizados en las prospecciones llevadas a cabo por una empresa petrolera mexicana en aquel territorio. Al igual que la teoría del impacto tuvo y tiene todavía sus detractores, así como preguntas sin responder, el emplazamiento del cráter de Yucatán también ha recibido muchas críticas en revistas especializadas. Pero la controversia es el alma de la ciencia, y aunque parece que la victoria está ahora de parte del equipo del meteorito, el desenlace sigue abierto ante la posibilidad de la aparición de nuevas hipótesis.

Los impactos y colisiones de cometas y meteoritos provenientes del espacio entraron a formar parte de la cultura pop y en 1979 unos estudios de Hollywood filmaron una película titulada *Meteoro*, en la que la protagonista era una roca gigantesca. «Mide ocho kilómetros de ancho..., se está acercando a 48 000 kilómetros por hora... ¡Y no hay donde esconderse!», alertaba una voz inquietante en el tráiler promocional. También actuaban Sean Connery y Natalie Wood, quienes, mientras trataban de encontrar una solución a la catástrofe que se avecinaba, vivían un apasionado romance sin perder ambos en ningún momento una expresión de honda preocupación.

Actualmente la comunidad geológica ha adoptado una postura intermedia entre el catastrofismo de Cuvier y el gradualismo de Lyell, y se admite que en sus cuatro mil seiscientos millones de años de historia, la Tierra ha pasado por largos períodos de estabilidad propicios a la evolución de la vida, interrumpidos ocasionalmente por catástrofes esporádicas, como impactos de meteoritos, vulcanismo, variaciones en el nivel del mar o cambios climáticos. A consecuencia de estos cataclismos la Tierra se «limpiaba» y se producía una renovación de la vida. La destrucción que acarreaba la muerte para tantos favorecía a su vez la aparición de nuevas especies, y nosotros mismos, la especie humana, debemos nuestra existencia al impacto del meteorito del límite K/T, porque eliminó a los dinosaurios y preparó el camino para la evolución de los mamíferos.

Cuando me disponía a abandonar la playa de Itzurun de repente me di cuenta de un hecho extraordinario: la inteligencia humana ha sido capaz de aprender a leer en las rocas la historia de la vida y descubrir el alfabeto que yace oculto en ellas. A modo de despedida deslicé mi mano por los estratos, eones de tiempo comprimidos en centímetros de roca por las fraguas internas de la Tierra. Y mientras me alejaba de aquel majestuoso escenario se me ocurrió pensar que dentro de millones de años—casi un parpadeo a escala de tiempo geológico—todo lo que constituye nuestro mundo, incluidos nosotros los humanos, los sonetos de Shakespeare, los rascacielos de Manhattan, las pirámides, Santa María del Fiore, los teléfonos móviles, los residuos nucleares, los tigres y las ballenas, las luciérnagas..., todo estará reducido a unos estratos de roca de unos centímetros de espesor como lo está ahora la apacible época jurásica en la que medraron los dinosaurios. Y si en esos remotos tiempos hay todavía algún paleontólogo de guardia, deberá etiquetar nuestro mundo como Holoceno o época totalmente reciente, período Cuaternario y correspondiente a la era geológica del Antropoceno, llamada así por el impacto global que las actividades humanas tienen sobre los ecosistemas terrestres.

EL HOMBRE QUE ABRAZA LAS PIEDRAS

Una mañana de septiembre me alejé en coche de la costa vasca y me dirigí al pueblo de Leitza en Navarra, situado en las boscosas laderas de la sierra de Aralar. Tenía curiosidad por conocer a Iñaki Perurena, un hombre que ha construido con sus manos un museo en homenaje a la piedra al que ha llamado Peru-Harri.[1] Las piedras que ama Iñaki Perurena son de granito negro y se utilizan para ser levantadas.

Cuando llamé al teléfono de la página web del museo me contestó el propio Iñaki. Era viernes y no me podía recibir, porque durante la semana estaba ocupado atendiendo la ganadería y la carnicería familiar, pero si quería el sábado podía unirme a cualquiera de los numerosos grupos que vi-

[1] *Harri* significa 'piedra' en euskera.

sitaban el lugar cada fin de semana. Cuando al día siguiente aparqué temprano en Peru-Harri ya había algunas personas esperando a que comenzara la visita. Iñaki Perurena es un hombre alto, fuerte, de porte elegante. Lo que más destaca en él son sus penetrantes ojos azules desde los que me lanzó una afable mirada mientras nos estrechábamos la mano. En lo primero que reparas al conocerle es que se siente a gusto en su propia piel. Desprende seguridad y serenidad. Cuando a lo largo de la mañana le escuché hablar, descubrí que es un hombre realizado, esa expresión un tanto cursi para expresar que alguien ha hecho con su vida exactamente lo que quería. Y lo que quería Iñaki Perurena era convertirse en *harrijasotzaile* o levantador de piedras.

«Cuando intenté levantar mi primera piedra tenía diez años», nos dice al grupo de personas que, como colegiales aplicados, nos hemos sentado en bancos alineados contra las paredes de la amplia sala del caserío, dispuestos a escuchar con atención. «Recuerdo que estaba visitando a un cantero en compañía de mi abuelo, ambos inagotables contadores de historias, y yo les escuchaba fascinado hablar durante horas y horas de las gestas de los levantadores de piedras», prosigue, consciente de que ya tiene al público metido en el bolsillo. «Ese día me incliné sobre una piedra e intenté despegarla del suelo. No lo conseguí, pero ésta me rozó ligeramente el pecho y aquella noche no pude dejar de contemplar orgulloso la marca que me había quedado en la piel». Entonces, nos cuenta, supo que la piedra iba a ocupar un lugar central en su vida.

Para los no iniciados, sentarse a escuchar hablar sobre levantamiento de piedras puede resultar chocante. Estamos habituados a que se nos hable sobre música, cine, literatura, ciencia, política…, pero ¿qué te pueden contar durante más de una hora sobre levantar piedras gigantescas del suelo? La clave está en que Iñaki Perurena es un orador magnífico. Está dotado para hablar en público. Tiene una voz hermosa, sabe modularla y hacer las pausas adecuadas para mantener en vilo a la audiencia. Como los buenos novelistas, sabe dosificar la trama y el suspense de su relato. Pero, sobre todo, Iñaki Perurena sabe transmitir la pasión que él siente por las piedras, pasión que se materializa precisamente en el hecho de «levantarlas». Toda la operación de la alzada apenas dura doce segundos y de esos doce segundos el punto más delicado es la «traída» a la cintura. Pero oyéndole hablar te das cuenta de que se trata de «segundos especiales», de esos que pertenecen a la categoría de tiempo sagrado. Los momentos anteriores a levantar una piedra, y estamos hablando de piedras de trescientos kilos o más (su récord está en los trescientos veinte kilos), son decisivos. Es preciso visualizar toda la operación. La concentración debe ser máxima. «Entonces—nos dice—se producen los momentos más difíciles, porque a tu mente acuden dos ángeles, el bueno y el malo. El bueno te anima y te dice que lo vas a hacer muy bien. Cuando te decides a ir por la piedra, el malo toma la palabra y te dice: "Un momento. Hoy no lo vas a conseguir. ¿Te acuerdas de aquel entrenamiento en el que no pudiste alzarla? Pues hoy te va a pasar lo mismo". Y tú tienes que apartar al ángel malo y convencerte de que vas a hacerlo bien hasta que en tu cerebro aparece la imagen de la "alzada perfecta". Y ya está». Con semblante serio nos contó a continuación que desde hace dos años ya no levanta piedras. El médico se lo ha prohibido. «Me dolía el corazón. Me dolía el cuerpo», nos dice. «Incluso me han tenido que hacer una pequeña intervención quirúrgica en la cadera», añade con gesto compungido. «Pero ¿sabéis una cosa?—prosigue, esbozando de nuevo una amplia sonrisa—, tengo que volver a levantar una piedra pequeña. No me importan los kilos. El sueño de mi vida ahora es volver a sentir esa sensación». Es la misma sensación que debió de sentir Bybon, hijo de Phola, cuando levantó una piedra de ciento cuarenta y tres kilos por encima de su cabeza con una mano a principios del siglo VI a.C., según reza la inscripción tallada en un bloque de arenisca que se exhibe en el museo arqueológico de Olimpia. Más difícil de imaginar, incluso para el propio Perurena, es lo que sintió un tal Eumastas, hijo de Critóbulo, que por la misma época levantó del suelo una piedra de cuatrocientos ochenta kilos que se puede contemplar en el museo de la isla griega de Santorini. ¿Sería la reencarnación de Hércules?

El origen del levantamiento de piedras se remonta al trabajo de los canteros. Éstos labraban piedras y medían sus fuerzas levantándolas y transportándolas a otros lugares. El ancestral gusto por la apuesta entre los seres humanos hizo el resto, algo a lo que siempre se ha negado Iñaki Perurena. Para él el levantamiento es un mano a mano entre la piedra y él. Cuando el dinero entra en juego, también lo hacen los condicionantes negativos. Su apuesta es levantar la piedra y ver hasta dónde puede llegar. Siempre ha luchado por dignificar este deporte, por cambiar su imagen. Quiere dejar claro que no es un simple forzudo.

El tiempo fue pasando sin que nos diéramos cuenta. Estaba claro que Iñaki había heredado de su abuelo el arte de contar historias. Su relato estuvo aderezado además con canciones en euskera, con versos improvisados dedicados a la piedra, e incluso se flexionó hasta tocar el suelo con las palmas para mostrarnos que ya se estaba recuperando. Concluyó su relato contándonos que las piedras habían sido para él ventana y refugio. Ventana porque con ellas ha recorrido el mundo durante cuarenta y un años, ya fuera con su furgoneta de plaza en plaza visitando pueblos en fiestas, o posteriormente en avión para hacer exhibiciones en lugares lejanos como Japón o Estados Unidos. También han sido su refugio, porque estuviera donde estuviera las piedras le hacían sentirse en casa. Han sido y son su nido. Cuando nos levantamos para visitar el resto del museo, nos instó a que nos fijáramos en una piedra muy especial: una punta de hacha del Neolítico que encontraron mientras construían Peru-Harri. Ocupa el centro de la sala y mira hacia arriba para ahuyentar a los malos espíritus.

Mientras me alejaba de Peru-Harri pensé que había conocido a un auténtico petromaníaco en la persona de ese hombre delicado que ha encontrado su lugar en un mundo en el que reina la piedra a la que incluso ha dedicado poemas en euskera. En uno de ellos ha tratado de expresar los momentos de inefable intimidad que pasa con ella, aunque se encuentre en mitad de una plaza rodeado de una multitud vociferante. Es un sensual poema de amor a la *harri-beltza*, el granito negro de las canteras de Lastur o de Zumárraga:

HARRIAREKIN IZKETAN

...Zenbat ordu, egun eta urte zurekin,
Zugan pentsatzen, zuri lotuta.
[...] Entzun dut ez zarela bizi,
Hotza zarela, astuna, iluna...
Baina nire ukituak esnatu, nire irutziak piztu,
Arindu nere magalean eta harrotu nere bizkarrean.
Nire harri kutuna.[1]

[1] «Hablando con la piedra»: «...Cuántas horas, días y años contigo, pensando en ti, unido a ti. [...] He oído que no estás viva. Que eres fría, pesada, oscura. Pero mi contacto te despierta, mis caricias te avivan. Te vuelves ligera entre mis brazos y te elevas sobre mi hombro. Mi piedra querida».

5

ANTES DE QUE SUBA LA MAREA

DE DEVA A GUERNICA

Eta egin dezagun mundu berri bat, marea igo baino lehen.[1]

EN EL CAMINO

Todavía no había amanecido cuando abandoné el hotel de Itziar. Mientras pagaba la cuenta me enteré de que el peregrino asiático se había marchado hacía un buen rato. Una vez en la calle eché una ojeada a mi alrededor. El mundo estaba sumido en ese momento en que no pertenece ni a la oscuridad ni a la luz, como si estuviera detenido en el tiempo, tan familiar para las aves. Aspiré profundamente el aire fresco de la mañana y me despedí mentalmente del anciano de pies alados que se dirigía a Finisterre. Cuando se viaja a pie, esos primeros momentos de la mañana son especialmente gozosos. Tienes un largo día por delante, lleno de expectativas, y tu única obligación es llegar al destino que te hayas fijado. El mío era Lekeitio, de donde me separaban casi treinta kilómetros. Me di los buenos días con un gato que regresaba a casa. Para él la jornada había acabado por el momento; la mía no hacía sino comenzar. Mientras descendía en dirección a Deva entre caseríos y campos de labor, un montañero que subía al monte Andutz me sonrió y deseó un buen camino. «¡Buen camino!», respondí a mi vez. Cuando entré en Deva sus habitantes apenas se esta-

[1] 'Construyamos un mundo nuevo antes de que suba la marea', de un cartel colgado en el puerto de Ea.

ban despertando. El primer café de la mañana es un asunto muy serio, así que pregunté a una chica que parecía dirigirse al trabajo dónde lo hacían bueno. Resultó ser una peluquera muy simpática que se interesó por mis correrías. Me indicó dónde daban el mejor café del lugar y mientras nos despedíamos me comunicó con ojos soñadores que algún día ella también «haría el camino». El café era realmente muy bueno y el croissant con que lo acompañé estaba recién hecho, así que me permití repetir de ambos. Pequeñas indulgencias alimentarias de mis viajes a pie. Y con mi doble ración de cafeína y azúcar acometí alegremente la subida por la vieja calzada de la costa que ya me empezaba a resultar tan familiar. El sendero que me llevaría hasta Motrico discurría por la ladera del monte Kalbario y coincidía en un primer tramo con el Camino de Santiago. En un cruce alguien malintencionado se había dedicado a borrar las marcas del sendero. Recordé que el día anterior unos peregrinos habían comentado que se habían perdido a la salida de Deva. Se hablaba de que los pueblos por los que no pasa el célebre camino sienten envidia de aquellos por los que sí lo hace y hay quien se dedica a confundir al peregrino. Supongo que todo ello forma parte del acervo de historias que siempre se han difundido por el sendero más famoso del mundo.

El Camino de Santiago o la «Calle Mayor de Europa», como alguien acertadamente lo denominó, fue declarado Patrimonio de la Humanidad en el año 1993. Sus orígenes se pierden en las brumas de la leyenda. Se cuenta que en el año 813 un eremita llamado Paio, mientras observaba el cielo nocturno, vio cómo se posaba una estrella sobre los árboles del bosque de Libredón. Tras advertir del prodigio, se desbrozó el lugar que resultó ser un cementerio romano olvidado y en él apareció un sepulcro de mármol con los restos del apóstol Santiago. Cómo pudieron llegar hasta las costas de Galicia desde Jerusalén pertenece también, digamos, al ámbito de lo legendario. El rey astur Alfonso II demostró su entusiasmo ante el acontecimiento mandando erigir en aquel lugar una iglesia dedicada a Santiago al tiempo que comunicaba la noticia al emperador Carlomagno. Había nacido el Campus Stellae o Compostela. El resto fue una magistral operación de marketing eclesiástico por la que el apóstol Santiago se vio convertido, de la noche a la mañana, en paladín de la lucha contra los sarracenos y su iglesia en lugar de peregrinaje ratificado por el papa y por el emperador Carlomagno. Desde el siglo III Roma y Jerusalén eran los principales centros de peregrinación de la cristiandad. En Roma se encontraban los sepulcros de san Pedro y san Pablo y en Jerusalén el peregrino podía hollar con sus propios pies los lugares por los que había caminado Jesucristo. La magia de Compostela residió en su ubicación en los confines del mundo, el *Finis Terrae*, el lugar donde terminaba la tierra conocida y comenzaba el tenebroso océano.

A partir del siglo XI los peregrinos comenzaron a afluir por millares a Compostela desde rincones tan alejados como Kiev o Polonia. El Camino de Santiago fue el primer sendero europeo de largo recorrido con rutas trazadas y señalizadas, hospitales en los que curarse las heridas o, llegado el caso, recibir la extremaunción, iglesias en las que orar por la salvación del alma y albergues en los que resguardarse durante la noche y reponer las fuerzas. El camino también contó con una guía turística, detallada y políticamente incorrecta, escrita por el capellán francés Aymeric Picaud, en la que se detallaban las distancias entre pueblos, la ubicación de las fuentes, los monumentos que no había que dejar de visitar, la situación de los albergues, etcétera, aderezado todo ello con comentarios, algunos nada halagüeños, como los referidos a vascones y navarros, sobre los habitantes de los diferentes lugares por donde se aventuraba el peregrino. El Camino de Santiago fue, por encima de todo, una vía por la que circulaban las ideas, la arquitectura, la música, la literatura y los cantares de gesta. Contribuyó a que se construyeran calzadas, se tendieran puentes y circularan los idiomas. Al amor de la lumbre los peregrinos compartirían por las noches los relatos escuchados durante el viaje o traídos desde sus lugares de origen. Así se fueron entretejiendo las narraciones, hasta conformar la gran historia del Camino de Santiago, una historia de Europa narrada por los millones de pisadas que todavía hoy siguen dejando su huella en el camino.

Tras un rato de despiste y desorientación mientras caminaba por el sendero equivocado, volví sobre mis pasos hasta que alguien me indicó cuál era la dirección correcta a seguir. En un cruce me despedí por el momento del «camino», que se internaba hacia el interior, y enfilé decidida hacia Motrico, de nuevo por la vieja calzada de la costa, despojada ya de la solemne condición de peregrina y convertida en una vulgar y humilde mochilera. En esta diminuta y recóndita villa costera abundan los palacios y las casas torre, testigos de un boyante pasado marinero y comerciante. De entre todos destaca la torre de Berriatua, un altísimo edificio de arenisca conocido como «Sulengua» o 'anterior al fuego', en alusión al devastador incendio que arrasó la población en el año 1553. Aquí nacieron dos insignes marinos, José Antonio de Gaztañeta e Iturribalzaga (1656-1728), que se distinguió sobre todo por sus innovaciones en la construcción naval, y Cosme Damián Churruca y Elorza (1761-1805), científico, marino y militar, muerto en la batalla de Trafalgar. Me senté en una terraza del puerto para beber algo y consultar el próximo tramo de camino que debería llevarme hasta Ondárroa. En una mesa cercana descansaba una sudorosa pareja de mochileros con botas y bastones que desentonaban tanto como yo en aquel ambiente de veraneantes vestidos con escuetos atuendos playeros. «¿Vas a Lekeitio?», me preguntaron, mientras me mostraban que compartíamos y seguíamos las indicaciones de la misma guía. «¿Has reservado habitación?, están en fiestas y ya no cabe un alfiler», añadieron. No, no había reservado habitación, y la perspectiva de encontrarme en la calle en medio de un pueblo en fiestas no resultaba nada halagüeña. Dediqué los siguientes minutos a telefonear a una serie de hoteles sin ningún éxito. «¡Estamos completos!», me respondían con un dejo de orgullo en la voz. Para cuando levanté la cabeza la pareja había desaparecido. Me demoré un rato por el casco histórico de Motrico, compré un poco de comida para el camino y me dirigí de nuevo al puerto en busca de las marcas del sendero costero que por las faldas del monte Galdona me conduciría hasta la playa de Saturrarán, el límite de Guipúzcoa y Vizcaya. Esta playa—escenario inquietante según mi guía—está rematada por unos peñascos de flysch negro de cien millones de años de antigüedad que a Pío Baroja le parecieron las ruinas de edificios ciclópeos. Camino de la cercana Ondárroa me senté en un banco del paseo marítimo para hacer un nuevo intento de encontrar alojamiento en Lekeitio. Al fin conseguí reservar una habitación en el hotel que se levanta ahora en el lugar ocupado antaño por el palacio Uribarren, residencia durante unos años de la emperatriz Zita, tras la caída del Imperio austrohúngaro, y de la que ni me preocupé de preguntar el precio. Ondárroa ofrecía un aspecto animado y variopinto en aquella mañana de principios de septiembre. Paseando por sus calles, además del euskera, se pueden escuchar idiomas tan exóticos como el wólof, el serer y el mandinga, lenguas habladas por los nuevos *arrantzales* ('pescadores') llegados de África para faenar en la flota de altura más potente de la costa vasca. Me introduje en las frescas callejas del casco antiguo para iniciar la ascensión por una empinada calle hasta la ermita de la Virgen de la Antigua, protectora de pescadores y marinos, donde se iniciaba la ruta hacia Lekeitio. En aquellas alturas reinaba el silencio y la tranquilidad. Comencé a ascender por una pista entre pinares en dirección al barrio de Asterrika. De vez en cuando aparecía aquí y allá algún caserío aislado sobre una colina. No se veía un alma. Entonces comencé a disfrutar de verdad de mi jornada de marcha.

Existen varias recompensas que en forma de estados de ánimo pueden asaltar a quien viaja a pie. Una es el puro gozo animal que te embarga cuando, tras varios días de marcha, sientes que el cuerpo, ya bien aceitado, responde con alegría a los obstáculos del camino. Uno ya no va por un paisaje, sino que lo habita, forma parte de él. «El paso a paso, suspiro a suspiro del caminante, [...] llevando todo a la espalda, es un conjunto de gestos tan antiguo que conlleva una profunda alegría para el cuerpo o la mente», escribió el poeta Gary Snyder. Puede que, en otros raros, rarísimos momentos, experimente lo que Bernard Ollivier denomina el nirvana del caminante, para lo cual, según él, deben darse tres condiciones: un perfecto estado de soledad, sumergirse en la inmensidad del paisaje y que se instaure un acuerdo perfecto entre el cuerpo y el espíritu. «Entonces una misteriosa alquimia hace levitar el cuerpo [...] y de golpe caen las barreras de nuestra cárcel familiar. Se nos abren las puertas del cielo», escribe Ollivier. Pero para mí el secreto mejor guardado del caminar en soledad por la naturaleza es el estado de serenidad que a veces se logra alcanzar. También se requiere un acuerdo perfecto entre el cuerpo y el espíritu. Músculos, corazón, pulmones y articulaciones trabajan acompasadamente, al unísono. Ello permite que la mente se vacíe y se detenga el flujo interminable de pensamientos e imágenes que conforman nuestra existencia. Nuestros sentidos se agudizan y están pendientes de los ruidos y movimientos del entorno: el aleteo de una paloma torcaz, el grito de un arrendajo enfadado por nuestra intromisión en su territorio, el murmullo del viento en las hojas. En esos momentos dejas de ser alguien; simplemente vives, no eres más que una vibración entre los árboles y las piedras de los caminos. O como lo resumió el maestro Basho en su hermoso libro *Sendas de Oku*: «Premios de las peregrinaciones… El placer de vivir me hizo olvidar el cansancio del viaje y casi me hizo llorar».

Otras sensaciones muy intensas las provoca el cansancio extremo, cuando el cuerpo, desprovisto de energía, se abandona y la mente debe tomar el mando de las operaciones. Entonces uno avanza como un autómata, paso a paso, con total desapego, casi se contempla desde fuera de sí mismo. En esos momentos puede ser vital una voz amiga que nos ayude a seguir, el ofrecimiento de una bebida o de un poco de alimento confortante que nos permita reanudar la marcha y evitar así que nos alcance la noche o nos oprima la intemperie. Al terreno de lo portentoso pertenecen las experiencias narradas por la intrépida exploradora francesa Alexandra David-Néel mientras viajaba a pie por tierras del Tíbet. En diversas ocasiones pudo presenciar el modo de caminar de los *lung-gom-pa* o 'viajeros en trance', capaces de recorrer grandes distancias y a gran velocidad como si fueran levitando sobre el terreno o saltando grácilmente y sin esfuerzo sobre las rocas, calzados con unas simples sandalias. En *La senda de las nubes blancas*, el monje budista de origen alemán Anagarika Govinda narra haber vivido una experiencia semejante cuando se perdió en una zona del Himalaya y estaba a punto de morir de frío:

> La noche me rodeaba totalmente, y sin embargo, ante mi asombro, fui saltando de piedra en piedra sin resbalar en ningún momento ni fallar una pisada, a pesar de calzar solamente unas endebles sandalias. Y entonces comprendí que una fuerza extraña había ocupado mi cuerpo, una conciencia que ya no estaba dirigida por mis ojos o mi cerebro [...] Yo era como una flecha que infaliblemente seguía su trayectoria mediante la fuerza de su ímpetu inicial, y lo único que sabía era que bajo ninguna condición debía romper el hechizo que me había capturado.

En su famosa obra *El leopardo de las nieves*, Peter Matthiessen narra una vivencia parecida mientras atravesaba un peligroso paso de montaña, totalmente cubierto de nieve y azotado por los vientos. Cuando al fin logra superarlo y una vez desaparecido el trance, cuenta cómo, aterrorizado y sin aliento, cayó al suelo a cuatro patas, sin lograr entender cómo lo había conseguido. Aunque quizá no se trate de portentos, sino de amor y adaptación al terreno. Yo he presenciado cómo mi amiga Eva Sangiao desciende de la montaña a una velocidad vertiginosa y brincando alegremente de roca en roca mientras tú te vas quedando atrás, avanzando lentamente, con torpeza, sin que te abandone el temor de romperte la crisma. Cuando le preguntas cómo lo hace, contesta con una gran sonrisa: «¡Ah, eso! Sólo consiste en flexionar un poco las piernas y bajar el centro de gravedad». Pero después de comprobar una y otra vez cómo se transfigura en la montaña, estoy convencida de que se trata de amor y compenetración profunda con la naturaleza. O qué decir de Kilian Jornet, ese chico que se define como «corredor de montaña» y que asciende o desciende, corriendo, brincando y saltando, cimas tan abruptas y escarpadas como el Montblanc o el McKinley, y que en estos momentos se prepara para hacer lo mismo en el Everest, territorio de sus colegas los *lung-gom-pa*.

Otra de las emociones que pueden asaltar al viajero cuando se interna por lugares agrestes y solitarios es lo que los antiguos griegos conocían como terror pánico. Pan era el dios que encarnaba las fuerzas primitivas de la naturaleza, lo salvaje y lo indómito, lo no sometido a la civilización humana. Se rumoreaba que, aparte de perseguir ninfas, uno de sus entretenimientos favoritos era infundir miedo en los caminantes que transitaban por los espesos e interminables bosques que hace muchos siglos cubrían Europa. Al dios Pan le divertía inquietar a los viajeros produciendo ruidos y rumores en el bosque o mostrando fugazmente su sombra escondido entre los árboles. El caminante comenzaba a sentirse como si fuera perseguido por un animal; se volvía y no era más que el vaivén del agua en la cantimplora. Oía ruidos de pasos detrás de él, y al volverse se daba cuenta de que era el eco de sus propias pisadas. A medida que el miedo crecía en intensidad se convertía en lo que hemos dado en llamar *pánico* y no remitía hasta que hallaba refugio entre sus congéneres.

Viví una experiencia pánica hace unos años mientras visitaba a unos amigos que se habían instalado en un pueblo remoto del Pirineo catalán. Una mañana quise conocer un lago rodeado de montañas que se hallaba a unas horas de camino y emprendí la subida con un excelente tiempo de comienzos de otoño. Tras ascender por una pista forestal me interné por un estrecho desfiladero para llegar hasta la orilla del lago. Mientras avanzaba por él recuerdo haber tenido la sensación de traspasar un umbral y de penetrar en un mundo diferente al del valle. Un mundo secreto. Me senté a descansar cerca de la orilla y, de repente, el tiempo cambió. El cielo se cubrió de nubes y comenzó a soplar el viento. Las hasta entonces tranquilas aguas del lago se empezaron a levantar formando olas. Aquí y allá se escuchaban ruidos y salpicaduras. Parecía que alguien estuviera arrojando guijarros al agua para hacer cabrillas. Aunque sabía que los cambios atmosféricos son habituales en el Pirineo después del mediodía me entró miedo. Me levanté y empecé a caminar a toda prisa. Lo único que deseaba era salir de allí cuanto antes y regresar a la pista forestal. ¡Qué lejana me parecía la casa de mis amigos, allá en el valle! Mientras atravesaba el pequeño desfiladero *creí ver* a un hombre que yacía tumbado en el suelo con las rodillas flexionadas. En ese momento empecé a correr y no paré hasta que me volví a encontrar en el camino que conducía al pueblo. El sol empezó a lucir de nuevo, y cuando me di la vuelta para contemplar el circo de montañas que iban quedando atrás imaginé a Pan agazapado tras un peñasco disfrutando de mi torpe y poco digna huida del lago.

En su libro *The Old Ways*, mi admirado Robert Macfarlane describe cómo lo despertaron hacia las cuatro de la madrugada mientras dormía en el bosquecillo de hayas que rodea el túmulo de Chanctonbury Ring (Inglaterra), unos gritos prolongados que semejaban lastimeras voces de niños y que parecían provenir de las copas de los árboles. Los inquietantes chillidos se produjeron en dos ocasiones, y aunque la razón trataría de convencerle de que los causantes eran algún tipo de aves nocturnas, no es difícil imaginar el pánico que sentiría y el consiguiente alivio al abandonar el lugar con las primeras luces del amanecer. El temor a la noche, a la soledad y a la intemperie está inscrito en el inconsciente colectivo de la especie humana. Un vestigio de cuando habitábamos en cuevas y formábamos parte de la cadena alimenticia de los grandes depredadores. Y de los no tan grandes. Basta recordar que nuestros remotos ancestros fueron caníbales y que tampoco se puede afirmar que seamos la especie más cariñosa del planeta.

Sin haber experimentado vivencias tan sobrenaturales, aunque sudorosa y sintiendo todo el peso de la gravedad tras una subida sostenida desde Ondárroa, llegué al fin a la cima de una colina herbosa donde se asienta el bucólico barrio de Asterrika. El lugar, de apenas una docena de caseríos diseminados, lucía apacible y adormilado bajo el calor de primera hora de la tarde. Al pasar junto a la ermita de San Lorenzo saludé a un caminante que daba indicaciones a una pareja de ciclistas. Era el primero que encontraba en todo el día si exceptuamos a la pareja de Motrico, que pese a seguir la misma ruta que yo no se había materializado todavía. Aminoré el paso y dejé que me alcanzara. Resultó ser un afable profesor de matemáticas al que su médico obligaba a caminar diariamente tras sufrir un infarto que le había alejado prematuramente de su profesión, que, según me dijo, echaba mucho de menos. Nos contamos sumariamente nuestras vidas. «¿Por qué te gusta viajar a pie?», me preguntó. Él era un amante de la vida urbana y de sus supuestas comodidades y entretenimientos, y aquella tarde, bajo aquel calor, me resultó muy complicado esbozar una respuesta convincente. ¿Cómo explicar que las inclemencias atmosféricas son en realidad la sal de los viajes a pie, aquello que luego se recuerda con mayor viveza a pesar de la impaciencia con que se viven en el momento la lluvia, el viento, las tormentas, el calor o el frío agudos? Creo que contesté algo tan vago como que soy aficionada a los mapas; me gusta deslizar el dedo por los senderos dibujados y las curvas de nivel por los que he pasado y, aunque no lo dije, me encanta encontrarme con desconocidos como él, entablar una relación espontánea, caminar un trecho juntos y luego despedirnos para siempre. Nada más. Aunque él ya había llegado a su destino y caminado el tiempo reglamentario, se ofreció a acompañarme un rato para que no me perdiera. Avanzamos por una agradable pista entre pinos y eucaliptos hasta llegar a un claro desde el que salían multitud de senderos. «¿Ves como podrías haberte perdido?», me preguntó con una sonrisa. Di las gracias a mi guía—el segundo ángel de la guarda que me ponía en el buen camino aquel día—, nos estrechamos la mano y me interné de nuevo en un bosque de pinos, en dirección a Lekeitio.

Apenas había avanzado unos pasos cuando caí en la cuenta de lo hambrienta y sedienta que estaba. Busqué un lugar un poco retirado del camino, apoyé la mochila contra un tronco caído y me senté a la sombra de los árboles. Bebí un largo trago de agua y devoré el pan y el queso que había comprado por la mañana. Aquella frugal comida me supo a gloria. El esfuerzo continuado del caminar transfigura los momentos normales de la vida cotidiana y los convierte en una celebración. Apoyé la cabeza en la mochila y me quedé dormida. No tenía ninguna prisa por llegar a mi destino. En los relatos de los grandes viajeros a pie aparece a menudo esa desgana por volver a la civilización y el deseo, en cambio, de permanecer sumido en la paz de los bosques o de las montañas. En *Entre los bosques y el agua*, parte del magistral relato sobre el viaje a pie por Europa emprendido cuando tenía dieciocho años, Patrick Leigh Fermor cuenta la sensación de maravilla que le embargaba mientras recorría durante días y días un espeso e interminable bosque de los Cárpatos y su renuencia a abandonarlo. Por su parte, la caminante extrema Sarah Marquis relata en su emocionante libro *Sauvage par nature* ('Salvaje por naturaleza'), crónica de un viaje a pie iniciado en Siberia y concluido tres años más tarde en Australia, cómo los momentos más duros los vivió mientras permanecía en poblaciones o en compañía de seres humanos y que sólo se sentía segura cuando volvía al camino, aunque éste atravesara junglas, desiertos o selvas habitados por animales salvajes.

La tarde ya estaba bastante avanzada cuando entré por fin en Lekeitio. Mis pies, recalentados, sudorosos y luciendo alguna que otra ampolla, protestaban dentro de las botas pidiendo ser liberados. En el vestíbulo del hotel, convertido en un moderno spa, me sentí una vez más fuera de lugar entre los grupos de figuras blancas, enfundadas en albornoces y zapatillas de felpa, que se dirigían o regresaban de la zona termal en las profundidades del edificio. Desde la ventana de mi habitación contemplé el mar. A los cinco minutos estaba flotando de espaldas, plácidamente mecida por un suave oleaje mientras miraba pasar las nubes y sentía cómo se disolvía en el agua el cansancio de la jornada. Más tarde, duchada y luciendo las mejores galas que pude extraer de la mochila, me lancé a la calle en busca de algo para cenar. Me encanta Lekeitio. Es un pueblo precioso y he pasado en él momentos estupendos. Pero había regresado en un momento inoportuno. No me gustan las fiestas veraniegas. Lo que antaño suponía la ocasión de comer manjares inaccesibles en otras épocas del año o de bailar y socializar en las plazas de los pueblos se ha convertido en concentraciones masivas de personas en las que priman las aglomeraciones, el ruido y el consumo exagerado de alcohol. El día anterior a mi llegada se había «celebrado» la fiesta de los gansos, una siniestra cucaña que consiste en colgarse del cuello de un ave, ignominiosamente suspendida de un cable de acero. Hasta 1984 las aves estaban vivas. A partir de esa fecha eran sacrificadas antes de ser colgadas, y desde hace unos pocos años se colocan réplicas de plástico junto a animales de verdad. ¡Qué gran contradicción que un pueblo de navegantes marinos se ensañe contra esos notables navegantes aéreos! Quien haya observado alguna vez en el cielo otoñal una bandada de gansos difícilmente lo podrá olvidar. Al volar en formación en V las aves reducen un setenta por ciento el esfuerzo de cortar el viento con respecto a un ganso que vuela solo; cuando el líder se cansa, se traslada al final de la bandada mientras otro le toma el relevo. Se cree que los graznidos son una forma de animar y dar coraje a los que van al frente para que no se distraigan y mantengan la velocidad y rumbo constantes y que las aves migratorias hacen uso de una brújula solar para orientarse, además de detectar campos magnéticos, utilizar puntos de referencia visuales y seguir pistas olfatorias. La migración sin paradas y sin pausas para alimentarse más larga registrada corresponde a la *Limosa lapponica* (becasina o aguja colipinta), que vuela de Nueva Zelanda a Alaska recorriendo una distancia de 13 690 kilómetros.

Tras varios intentos fallidos de acceder a la barra de alguna de las tabernas que recordaba repleta de manjares a aquella hora vespertina, desistí de la empresa y pensé en la bolsa de cacahuetes y en las bebidas del minibar de la habitación. En la puerta del hotel me topé con la pareja de Motriko, peinados y dispuestos a dar cuenta de una opípara cena en el mejor restaurante de la localidad. Les deseé suerte en su difícil empresa y me despedí después de escuchar su relato sobre la cantidad de veces que se habían perdido aquel día. «¡Las indicaciones de la guía no tenían ni pies ni cabeza y hemos hecho casi todo el camino por una carretera!», se quejaba ella amargamente. Ni el GPS del móvil había logrado sacarles del atolladero, añadió él. Mientras subía a mi habitación pensé que los *Lares Viales* pueden ser mucho más útiles que los dispositivos de comunicación vía satélite y decidí seguir confiando en ellos y en las palabras de mi guía. A pesar de los ruidos entremezclados de músicas, reclamos de tómbolas, sirenas de carruseles y griterío procedentes de la calle, no tardé en dormirme ni un segundo. Había sido un largo día.

UN ARCOÍRIS SOBRE EL MAR

Cuando me levanté y me asomé a la ventana para saludar al nuevo día, los servicios municipales de limpieza llevaban faenando un buen rato para retirar los montones de detritos depositados en la arena durante la batalla campal nocturna y devolver la playa a su estado habitual. Más que marcharme, me escabullí de Lekeitio, sorteando los cuerpos de los regazados que habían sido incapaces de regresar a casa o de quienes persistían en continuar la fiesta. Cuando alcancé el promontorio de Talaia, el mirador desde el que se avistaba el paso de ballenas, me despedí de Lekeitio, que en la distancia y a aquella hora de la mañana lucía como el enclave hermoso que es. Mientras terminaba este libro apareció en la prensa la noticia del descubrimiento de una cincuentena de grabados paleolíticos en la cueva de Armintxe, situada en mitad del casco urbano de Lekeitio. Son unos maravillosos grabados parietales, de catorce mil años de antigüedad, exquisitos iconos de los animales que nuestros antepasados cazaban o reverenciaban: bisontes, caballos, antílopes y dos felinos, uno de ellos con la cola levantada que bien podría ser una leona. En la parte inferior de la pared de la cueva aparecen impresiones digitales, tal vez la firma del pintor, el hombre Artista que quizá ya buscaba reafirmar su identidad individual. La belleza de su trazo no deja duda de que había placer o reverencia en la ejecución. Nunca podremos ver esos grabados con nuestros ojos porque la cueva no será abierta al público, pero saber de su existencia reconforta, y a partir de ahora Lekeitio será para mí el pueblo de «la leona».

De camino al monte Otoio y mientras atravesaba un denso bosque de encinas, testigo de cómo eran los paisajes costeros hace años, me crucé con una madrugadora pareja de San Sebastián que pasaba unos días de vacaciones por la zona. Nos detuvimos a charlar y les comenté que estaba recorriendo a pie la costa vasca y que aquel día pensaba llegar a Elantxobe. «Entonces—me dijeron—el tramo más bonito de costa ya lo has dejado atrás». Me guardé de decir que yo era de Bilbao para no entrar en tontas discusiones localistas y nos despedimos amigablemente. Desde la cima del Otoio contemplé el tramo costero que se extendía hacia el este, hasta Bayona, y luego me volví hacia el oeste, donde se vislumbraba el que me quedaba por andar. A ambos lados, promontorios, cabos y ensenadas con el complejo entramado de seres marinos y terrestres que habitan en ellos. Nuestra percepción del paisaje suele ser muy deficiente, en parte por la endeblez de nuestra visión y en parte porque proyectamos en él sentimientos y cargas emotivas según nuestros estados de ánimo o porque vemos lo que nos han hecho apreciar los artistas o incluso las guías turísticas. Pero, sobre todo, nuestra percepción es deficiente porque lo que vemos suele yacer sepultado bajo siglos de palabras y etiquetas humanas. ¿Por qué creer que las palabras revelan más que los olores, ruidos y emociones que perciben los animales? Es muy posible que ellos lean signos que se han vuelto invisibles para nosotros, tan empeñados en olvidar nuestra condición de animales.

No fui consciente de lo hambrienta que estaba hasta que crucé la puerta de la *herriko taberna* de Ispaster, en la otra ladera del Otoio. ¿He dicho ya que uno de los mayores placeres de recorrer a pie la costa vasca es la cantidad de cosas apetitosas que se pueden comer prácticamente en cualquier sitio? Pese a lo temprano de la hora, de la cocina no dejaban de salir bandejas de cosas recién hechas hasta que la barra quedó repleta de manjares. ¡Qué excelsa visión! El problema fue hacer una selección cuidando de no llenarme demasiado ya que aún me quedaba un trecho hasta Elantxobe, mi destino de aquel día. Ispaster o *itsas bazter* ('orilla del mar' en euskera) se encuentra en realidad unos pocos kilómetros tierra adentro. En este tramo la costa es tan abrupta y accidentada que sus habitantes tuvieron que optar por la ganadería y la agricultura para ganarse la vida. Lo mismo que en Bedaroa, el siguiente pueblo por el que pasé. Hasta que llegué a Ea y, de nuevo, al mar. Ea es ese «pueblo vizcaíno» tan conocido por los aficionados a los crucigramas. La calle principal es una ría que divide al pueblo en dos partes. Hay cuatro puentes que la cruzan, un recoleto puerto y una bonita playa. Y está lo suficientemente alejado para no encontrar casi nunca aglomeraciones. La llegada a Ea también comportaba una intriga. Mi guía aconsejaba observar atentamente el estado de la marea en el puerto. Si estaba seco y cubierto de arena, es decir, la marea estaba baja, aconsejaba bajar a una playa de rocas por la que avanzar, a trancas y barrancas, hasta la cala de Natxitua. La recompensa consistía en realizar una incursión por un tramo costero salvaje y solitario. Si la marea estaba alta, había que continuar por la carretera. Y aquella mañana, ay, la marea estaba alta.

Mientras me decidía a ponerme en marcha apareció un autobús a rayas amarillas con el destino claramente indicado: Elantxobe. Me levanté de un salto, agarré la mochila y a los pocos segundos estaba cómodamente repantingada en el asiento delantero, dispuesta a disfrutar del panorama.

Esos trechos que el caminante realiza en otro medio de locomoción que no sean sus pies son pequeñas trampas que se hace a sí mismo. Recuerdo haber viajado en la parte trasera de camionetas, en tractores, en carros, en camiones, en coches, en trenes y autobuses como el que me llevaba ahora. Suelen ser inocentes aventuras inesperadas que a veces constituyen un auténtico deleite. Fuimos parando en diferentes pueblos donde la gente subía y bajaba hasta que llegué a mi destino. En lo que respecta a pintoresquismo, este lugar es un firme candidato a primer premio. En Elantxobe se percibe, desde que pones los pies, una relación atávica con el mar. Sus casas descienden o más bien se desploman en espectacular cascada desde la ladera de la montaña hasta el recoleto puerto. Aquí todo habla de pesca, de marinos, de barcos. De mar. Llamé al número de una casa rural recomendada en mi guía y una afable voz femenina me aseguró que estaría encantada de recibirme. «Y yo de tener un refugio para pasar la noche», pensé. Caminando por una agradable y arbolada pista en media hora llegué a Ogoño Mendi, un caserío reformado y reconvertido en alojamiento rural, estratégicamente situado sobre Elantxobe y con unas espectaculares vistas de la costa que llevaba cinco días recorriendo. Dejé la mochila en mi habitación y me fui hacia el cabo Ogoño, un imponente promontorio calizo que constituye una de los hitos más emblemáticos de la costa vasca. Desde la cima se disfruta de una estremecedora vista del islote de Izaro, santuario de aves marinas, del arenal de Laga, la bocana de la ría de Guernica y los bosques y colinas de Urdaibai, mi destino del siguiente día.

Este lugar tenía una especial connotación sentimental para mí. Mis padres pasaron una temporada de vacaciones de verano en Elantxobe cuando mi madre estaba en sus últimos meses de embarazo tras el que nacería yo. Ella me solía contar cómo bajaba cada día hasta la playa de Laga y luego volvía a subir como si nada. Ahora que ha muerto hace unos meses me conmueve pensar en aquella mujer pizpireta y joven trepando ágilmente con su barriga de embarazada por estos lugares tan dados a cuestas y pendientes. ¡Quizá de ahí me venga la afición por las montañas y los caminos! Me demoré un buen rato en Ogoño gozando de la paz y el silencio ocasionalmente roto por el graznido de las gaviotas que se advertían de la presencia de una intrusa en su, por lo general, solitario territorio. La tarde avanzaba y decidí bajar hasta Elantxobe, donde nunca había estado. Mientras bajaba por sus angostas y empinadas calles apenas me crucé con alguien. Mi paseo terminó en el pequeño puerto, bien protegido de los vientos y del empuje de las olas por la mole del cabo. Costaba imaginarlo en el pasado como un lugar bullicioso, capaz de albergar una flota considerable y hasta ocho industrias conserveras. A media tarde el cielo comenzó a encapotarse y una extraña luz amarillenta, presagio de tormenta, tiñó el paisaje. Entonces recordé la espléndida terraza con sus inigualables vistas sobre el mar de la casa en la que me alojaba e inicié de nuevo la ascensión, dedicando un cariñoso recuerdo a mi querida madre, a la que por lo demás nunca le volvió a dar por practicar el «alpinismo».

No llevaba ni cinco minutos cómodamente instalada y dispuesta a disfrutar plácidamente del resto de la tarde cuando un arcoíris se desplegó, inmenso, desde la costa hasta perderse en el fondo del mar. Un semicírculo perfecto de vivos colores con ese misterioso contraste entre un espacio interior luminoso y una franja exterior oscura. La lucha entre la luz y las tinieblas. Por muchas veces que uno haya visto un arcoíris, el espectáculo siempre le pilla desprevenido. Aunque más o menos sepamos su explicación científica, su visión nunca deja de cautivarnos. Si avanzamos hacia él, se alejará de nosotros. Tampoco podemos tocarlo, ni olerlo, ni colocarnos debajo de él, ni alcanzar sus extremos. Yo me limité a permanecer quieta, con la boca abierta como muestra de asombro. En la mitología griega, Iris, diosa que se manifestaba en forma de arcoíris, cruzaba los cielos para llevar mensajes de Zeus, señor de las tormentas y del trueno, a los inmortales y a los humanos. Había nacido de la unión de Electra, hija de Océano, y de Taumas, uno de los dioses marinos primordiales y cuyo nombre en griego (θαυμα) significa 'milagro', 'prodigio' y 'asombro'. El arcoíris sería para los antiguos griegos el retoño del agua y del asombro. La desaparición del arcoíris dio paso a un crepúsculo de extraños colores: amarillos, grises y naranjas. El conjunto parecía una vibrante acuarela marina del expresionista Emil Nolde.

Ese formidable caminante que fue Thoreau escribió que andar es una escuela de frugalidad y yo estaba a punto de practicarla. Al volver a mi alojamiento por la tarde, donde no servían más que desayunos, había renunciado a una buena cena en Elantxobe, resignándome a sobrevivir con algún resto de comida que quedara en la mochila. Pero mi anfitriona se apiadó de mí y me improvisó una sencilla pero deliciosa cena a base de una ensalada de tomate, atún, cebolla y aceitunas negras y una pequeña fuente de mejillones al vapor acompañada de rodajas de limón. Como por arte de magia apareció en mi mesa una pequeña botella de vino blanco bien frío. Mientras me disponía a dar cuenta del improvisado banquete un rayo cruzó el cielo iluminando la noche, seguido de un potente trueno. Así dio comienzo una espectacular tormenta eléctrica, un inesperado y fabuloso espectáculo de luz y sonido en el mar y en los acantilados que pude admirar desde mi refugio de la terraza. Tras la diosa Iris ahora era Zeus el que manifestaba su poderío con toda su artillería habitual de truenos, rayos y relámpagos y sin derramar ni una sola gota de agua.

Nuestra respuesta al paisaje está determinada por la cultura y ha ido cambiando a lo largo de los siglos. Poetas, pintores y escritores condicionan nuestra mirada y nos dictan lo que debemos ver y lo que nos tiene que cautivar. Hasta el siglo XVII existió una aversión generalizada a los espacios ilimitados, los bosques inmensos, la vastedad del océano o la aridez de las playas y los desiertos porque evocaban las fuerzas de la naturaleza primitiva. Fueron los artistas románticos quienes abonaron y prepararon la imaginación europea para apreciar el exceso y las manifestaciones de las energías salvajes. Ni las matemáticas, nuestra forma de razonar más precisa, permiten establecer modelos del caos que supone la naturaleza desatada. Nos fascina y aterroriza por igual, y de ahí nuestro gusto por los fuegos artificiales, símbolo de la naturaleza controlada. Los pintores románticos reflejaron en sus lienzos temas hasta entonces impensables, como tempestades y naufragios en el mar, bosques tenebrosos, escarpadas montañas o paisajes inmensos y desolados en los que los seres humanos aparecían como diminutas figuras, a menudo de espaldas, inermes ante el espectáculo de lo sublime. Durante el siglo XIX hasta los geólogos se pusieron líricos y aludían a la «sinfonía de la naturaleza», esa repetición cíclica de levantamientos y erosión por la que se elevaban montañas, surgían nuevos mares y se excavaban profundos desfiladeros. El crítico de arte John Ruskin, en su rompedora obra *Of Mountain Beauty*, publicada en 1856, escribía sobre «la fuerza fundidora y la energía expansiva del fuego subterráneo» y describía los paisajes alpinos como campos de batalla en los que ejércitos de roca, piedra y hielo se habían enfrentado y luchado durante millones de años con una lentitud increíble y una fuerza inimaginable.

La pintura del siglo XIX recoge relatos geológicos, meteorológicos y botánicos, pues los pintores solían estar muy versados e interesados por estas materias. Algunos cuadros reproducían el paisaje con tal minuciosidad que cuando se exponían al público se le proporcionaba unos prismáticos de ópera para que apreciara la fidelidad de los detalles. Uno de los mejores exponentes de la pintura atmosférica y de la representación de lo sublime fue el británico Joseph Mallord William Turner, considerado «el pintor de la luz». Fue un maestro a la hora de captar los estados de ánimo de la naturaleza, desde los amaneceres y crepúsculos más plácidos hasta las más violentas tempestades en el mar con tornados incluidos. Su secreto era la observación paciente y la confección de bocetos, y si mientras viajaba en barco se desataba una tormenta no dudaba en hacerse atar al mástil para estudiar en primera línea los fenómenos lumínicos y el comportamiento del oleaje y de la propia nave. Se cuenta que durante un viaje en diligencia en compañía de una encantadora dama de la alta sociedad inglesa su obsesión por observar las tormentas le llevó a pasarse casi todo el viaje con la cabeza fuera de la ventanilla. Al ser interrogado por la razón de su proceder, Turner invitó a la dama a que le imitara y contemplara ella misma el espectáculo de aquel cielo embravecido. Cuando la señora asistió a la inauguración de una exposición de Turner en Londres, al entrar en la sala exclamó en voz alta para sorpresa de todos: «¡Yo ya he visto eso!». Turner fue un pintor controvertido por su paleta de colores considerada demasiado atrevida y moderna en su época, ya que no dudaba en pintar atardeceres de vivos tonos naranjas, verdes, rojos y negros. Hoy se especula con la posibilidad de que esos colores extraños con los que Turner teñía sus crepúsculos fueran resultado de la terrible erupción volcánica del monte Tambora en Indonesia ocurrida en abril de 1815. Considerada la mayor erupción de los últimos diez mil años, arrojó tal cantidad de cenizas y flujos piroclásticos a la atmósfera que bajó la temperatura en todo el hemisferio norte, siendo conocido 1816 como el año sin verano. Hubo frío y hambrunas generalizadas pero, en cambio, los atardeceres debieron de ser esplendorosos. Por suerte para nosotros, el genio de Turner supo captarlos y legarlos a la posteridad.

Cuando la tormenta estaba a punto de amainar apareció en la terraza la pareja de caminantes con la que me venía encontrando. Esta vez se sentaron a mi mesa y nos presentamos debidamente. Así es como pasaron a llamarse Javi «perilla» y Luisa, su mujer, una simpática pareja de Madrid, caminantes y montañeros apasionados con quienes compartí una magnífica sobremesa.

Más tarde, en la cama, mientras esperaba la llegada del sueño, imaginé la costa sumida de nuevo en la oscuridad tras la tormenta. Pensé en sus habitantes, en las aves marinas acurrucadas en sus refugios de los acantilados. ¿Habrían estado contemplando la tormenta? Pensé en los peces, ¿duermen los peces? Mientras lo consideraba me sumergí en un profundo sueño del que no desperté hasta la mañana siguiente.

Los peces sí duermen, o al menos reposan desactivando la mitad del cerebro mientras mantienen alerta la otra mitad para prevenir posibles amenazas. Pero, sobre todo, los peces nadan, y eso es lo que yo pensaba hacer aquella mañana. La etapa de aquel día me llevaría de Elantxobe a Guernica, y tendría que atravesar Urdaibai, un espacio natural tan rico en ecosistemas y biodiversidad que la Unesco lo declaró reserva de la biosfera en 1984. En este hermoso paraje (Urdaibai) que cambia de aspecto cuatro veces al día al ritmo de las mareas se encuentra Laida, una de mis playas favoritas (véase imagen 9). Después de cumplir con el agradable ritual del desayuno, de nuevo en aquella terraza con vistas espectaculares desde la que había contemplado la tormenta y en la que ahora brillaba un agradable sol matutino, me despedí de mi anfitriona y de mis nuevos amigos, que seguían desayunando sin prisas, y me puse en marcha. Pasé junto al cementerio de Elantxobe y durante un rato bajé por el camino que conducía a la playa de Laga hasta tomar un desvío que me conduciría, a través de un bosque de encinas, hasta la colina sobre la que se asienta la ermita de San Pedro de Atxarre. Desde esta elevación se divisa todo el magnífico paraje de Urdaibai. Aquel día la marea estaba baja y se apreciaba perfectamente el río Oka deslizándose entre montañas, marismas y arenales hasta el mar. Se cuenta que en Atxarre vivían ermitaños y que en un lugar cercano, Dantzaleku, las brujas celebraban sus aquelarres. Por todo ello era considerado un lugar mágico, y hasta no hace mucho en esta ermita se bendecía sal que luego era esparcida por los campos para obtener buenas cosechas y en los barcos para asegurar una buena pesca.

Desde aquella atalaya también se entreveía el dorado arenal de Laida, que me hacía guiños para que me acercara. Llegar a una playa que te gusta es como entrar en un mundo nuevo a la vez que te sientes como en casa. Yo había pasado muchos buenos momentos nadando en Laida, y aunque aquel día me tenía que desviar de mi camino, no lo dudé y bajé trotando felizmente hasta la orilla dispuesta a darme un buen *txombo*.[1] Creo que no hay mejor antidepresivo que nadar en el mar. Es algo que debería-

[1] 'Zambullida' en euskera.

mos practicar todos cuando nos sentimos bajos de moral. Cuando te sumerges en el agua dejas atrás todas las preocupaciones, todas tus miserias, como un perro cuando se sacude las pulgas. Aquella mañana, en un lugar tan amplio como Laida, abierto al horizonte y rodeado de suaves y verdes montañas, sentí que el tiempo pasaba más despacio, como si una simple mañana equivaliera a unas largas vacaciones. Flotando de espaldas en las tranquilas y cálidas aguas de septiembre mientras miraba alternativamente las nubes dispersas que pasaban sobre mi cabeza o cómo se alejaba el mundo junto con mi ropa y mi mochila en la playa no experimentaba ninguna prisa por nada. Cuando entras en el agua atraviesas un límite, una frontera: la orilla del mar, la ribera del río o del lago o incluso el borde de una piscina. Atrás dejas la tierra, la superficie sólida, y penetras en un mundo nuevo en el que rigen otros valores más elementales. En el agua recuperamos nuestra olvidada condición de animales y debemos esforzarnos por mantenernos a flote.

Aunque resulte paradójico, antiguamente los marineros solían negarse a aprender a nadar. Pensaban que en caso de caer por la borda las posibilidades de ser rescatados eran mínimas y luchar contra las olas sólo serviría para prolongar la agonía. Los socorristas de las playas y piscinas están ahí para recordarnos la delgada línea existente entre agitar los brazos para nadar y ahogarse. Mientras te encuentras en el agua experimentas las cosas de un modo completamente diferente a como lo haces en tierra. *Estás* en la naturaleza, eres parte integrante de ella, y la sensación dominante es la de estar viviendo el presente. Al lanzarnos al agua nos sentimos temporalmente liberados de la tiranía de la gravedad, y si nos sumergimos provistos de gafas y aletas podemos llegar a experimentar lo más parecido a volar. Al menos es lo que yo sentía cuando nadaba y buceaba en mi cala favorita de una isla mediterránea en la que viví algunos años. Me gustaba internarme entre las rocas, en una especie de caverna que se formaba en la costa. A veces, un banco de peces me admitía entre sus filas o simplemente me ignoraba permitiéndome nadar entre ellos. Recuerdo la calma y el silencio total de aquellos mágicos momentos. Luego, con un golpe de aletas salía disparada del recinto rocoso y me lanzaba a nadar donde la costa descendía abruptamente. Era entonces cuando tenía la sensación de volar sobre aquel abismo acuático en el que las paredes del acantilado semejaban los muros de misteriosos edificios sumidos en una penumbra gris.

En inglés hay un estupendo adverbio, *swimmingly*, de la raíz *swim*—'nadar'—, que se utiliza para expresar algo que va a las mil maravillas, espléndidamente. Es una sublime palabra para expresar ese estado que alcanzas nadando una vez coges un buen ritmo, el cuerpo y la mente bailan al unísono y cada respiración se vuelve más profunda y satisfactoria. Te sientes como si el agua fuera tu elemento natural. ¿Sería eso lo que sintió el poeta inglés Lord Byron mientras cruzaba a nado el Helesponto? Byron sufría de cojera por una malformación congénita en un pie, y en el agua, liberado de ella, llegó a convertirse en un nadador formidable capaz de grandes proezas natatorias. Le gustaba practicar ejercicio físico hasta la extenuación y el 3 de abril de 1810, a los veintidós años, tras un primer intento fallido, cruzó nadando a braza en una hora y diez minutos los seis kilómetros que separan Europa de Asia en el hoy conocido como estrecho de los Dardanelos, inaugurando las competiciones acuáticas que tan de moda se pondrían en el siglo XX. «No me ha costado mucho esfuerzo», escribió más tarde en su diario. «Me satisface más haberlo hecho que cualquier gloria que pueda llegar a alcanzar en política o en poesía».

Yo aprendí a nadar en un río y quizá por ello me resulta irresistible nadar en ríos, arroyos, lagos o incluso pantanos. Uno de los baños más perfectos y excelsos de mi vida tuvo lugar en un pequeño lago cercano a la ciudad alemana de Friburgo. Cuando estudiaba en la Universidad de Barcelona fui con un compañero a visitar a unos amigos que vivían en una gran casa de campo cerca de aquella ciudad alemana. Nada más llegar, tras un viaje de varios días en el que alternamos el tren con el autoestop, dormimos al aire libre en medio del campo y practicamos el honorable arte del vagabundeo, nos prestaron unas bicis y nos fuimos todos a nadar a un lago cercano a través de senderos bordeados por campos de viñas. Era el mes de junio, el día de San Juan. Al llegar al lago soltamos las bicis, nos quitamos la ropa y con la mayor naturalidad nos lanzamos todos desnudos al agua, corriendo, brincando y gritando de placer.

Cada vez que contemplo la imagen *vintage* del fotógrafo «naturista» alemán Kurt Reichert (véase imagen 11) me identifico con los despreocupados jóvenes de la fotografía y vuelvo a recordar vívidamente aquella memorable tarde de verano en el lago, que culminó con la celebración de la noche de San Juan bebiendo cerveza y *schnapps* en una taberna y saltando las hogueras. Hay algo atávico en nadar y en nuestra afinidad con el agua. Basta contemplar las expresiones y chillidos de gozo de los bebés y niños pequeños cuando se sumergen en el agua. En 1960 el biólogo marino sir Alister Hardy planteó en un artículo en *New Scientist* la teoría acuática de la evolución humana, conocida como la Hipótesis del Simio Acuático. Según Hardy, nuestros antepasados pasaron diez millones de años del Plioceno evolucionando hacia la posición erguida no en la sabana sino vadeando y nadando en aguas someras y playas de África mientras buscaban alimento. Como pruebas de su teoría aducía nuestra capa de grasa subcutánea, ausente en otros mamíferos salvo los marinos; nuestra falta de pelo, a diferencia de otros primates; nuestra respiración controlada que nos permite inhalar aire y zambullirnos para bucear y nuestra facilidad para nadar. Hardy no pudo aportar evidencias científicas que demostraran su teoría de nuestro pasado acuático, por lo que con el tiempo fue desvaneciéndose frente a la teoría de nuestra evolución como cazadores nómadas en la sabana africana. Pero la teoría del simio acuático tiene firmes y ardorosos defensores entre los amantes de la natación. Uno de ellos es Roger Deakin, mi nadador favorito y autor de un delicioso libro llamado *Waterlog*, la crónica del año que pasó recorriendo y nadando en todos los lugares imaginables en los que había agua de Gran Bretaña, ya fueran playas, canales, ríos, piscinas y lagos, sin olvidar la alberca de su granja de Suffolk. Su popularidad llegó a ser tan grande que nadar en cualquier lugar recóndito y preferiblemente de agua muy fría ha pasado al lenguaje como «un momento Roger Deakin». Para Deakin somos unos primates sin pelo que se transforman cuando entran en contacto con el agua. El *Homo sapiens* muta en *Homo ludens*; el carácter neurótico da paso al carácter juguetón. En la playa, recuerda Deakin, los humanos construimos elaborados castillos de arena, presas y lagunas artificiales; jugamos a la pelota y hacemos campamentos como los nómadas, pasamos horas contemplando el horizonte o buscando conchas y guijarros, y algunos permanecen días enteros metidos en el agua esperando la ola perfecta. Quizá nos sentimos más en casa dentro o cerca del agua y la tierra es el problema. Al menos eso es lo que opinaba Roger Deakin, un entusiasta fallecido prematuramente y que a juzgar por su vida y sus libros también sabía disfrutar tierra adentro.

Tras nadar un buen rato en las aguas de Laida frente a la isla de Izaro me tumbé en la arena a secarme al sol y, con la cabeza cómodamente apoyada en la mochila, disfruté durante un rato de mi propia versión de paraíso perdido. Me sentía como alguien que ha hecho novillos y está haciendo algo prohibido en un día laborable. Me habría quedado indefinidamente si no hubiera tenido una cita en Guernica. Era más tarde de lo que imaginaba y todavía me quedaba un buen trecho hasta culminar la etapa. Llegué sudorosa a mi destino tres horas y media más tarde, tras perderme en varias ocasiones en los confusos senderos de las marismas. Allí me esperaba mi amiga Maite Torrealdai para enseñarme sus rincones favoritos de Urdaibai. No podría haber encontrado mejor guía. Maite nació en un hermoso caserío de Forua y Urdaibai fue el privilegiado campo de juegos de su infancia y adolescencia. Ama y conoce profundamente estos parajes, algo que se percibe inmediatamente por su manera apasionada de hablar de ellos. «Yo sé cómo sabe ese barro», me dijo mientras recorríamos los humedales y aparecían, aquí y allá, manchas de barro negruzco entre los carrizos. «Aquí jugábamos de niños y un poco más allá cogíamos *karramarros* [cangrejos]». «La vida era dura—añadió—y la dieta se completaba con lo que daba el mar: almejas, anguilas, cangrejos, navajas…, como se llevaba haciendo en Urdaibai desde hacía miles de años». Ahora se encuentran carteles con la prohibición de mariscar, debida, supongo, a la presión humana sobre la zona, y las aves marinas migratorias son las únicas que aguardan a que baje la marea para buscar alimento en el limo, ajenas a la presencia de los carteles disuasorios. Entre los juncos y carrizos de estas marismas, aves como los zarapitos, garzas reales, gansos, patos, espátulas y águilas pescadoras han encontrado desde tiempos inmemoriales un lugar donde refugiarse y alimentarse durante sus migraciones anuales.

Estas aves ya estaban aquí cuando los romanos remaron río arriba en el siglo I de nuestra era en busca de un lugar donde asentarse. Y lo hicieron en Forua, de ahí su nombre, que proviene de la palabra latina *forum*, 'plaza pública' o 'mercado'. Mientras Forua nacía, en Roma mandaba Claudio, ese emperador tartamudo y contrahecho, célebre gracias a una popular serie de televisión británica. Los romanos estaban en plena época de expansión y también fundaron Portuondo, Bermeo, Lekeitio, Plencia, Bilbao, Portus Amanum (Castro Urdiales) y Oiasso (Irún). Todos estos puertos formaban parte de la *via maris*, ruta comercial de cabotaje que unía Burdigala (Burdeos) con Flavium Brigantium (La Coruña). Forua realizaba las labores de control de las mercancías que circulaban por la ría de Urdaibai y de las que desembarcaban y embarcaban en el cercano puerto de Portuondo. «También era un centro metalúrgico», me explicó Maite, que hace unos años organizó una exposición en el ayuntamiento de Forua sobre el asentamiento romano. «Los arqueólogos sacaron a la luz varios talleres de forja del hierro donde se fabricaban lingotes y herramientas agrícolas para los intercambios comerciales», añadió, mientras recorríamos el poblado, preparado ahora para las visitas turísticas. Sólo se ha podido recuperar una parte pequeña del asentamiento y los hallazgos se encuentran en el museo arqueológico de Bilbao. El resto permanece sepultado por las construcciones o fue destruido por las labores de roturación.

Siempre me han gustado los paneles explicativos de los museos y yacimientos porque suelen mostrar la vida humana de manera idealizada, una vida en la que siempre rigen el orden y el buen gobierno. En los que hay colocados en el poblado romano de Forua creo recordar que se veían grandes naves atracadas en el cercano puerto, mientras en tierra unas personas se afanaban en tareas de estiba y desestiba. Unas barcas navegaban por la cercana ría trayendo y llevando grandes fardos. En el mismo lugar donde nos encontrábamos, los ferrones aparecían atareadísimos forjando lingotes de hierro en sus talleres. En los campos lejanos los campesinos trabajaban la tierra y en el cielo las aves volaban tal como se espera que hagan. En el siglo II vivió en Forua un tal Marco Cecilio Montano, un padre atribulado que mandó fabricar un ara votiva en mármol rojo de la cercana cantera de Ereño y se la dedicó a Ivilia, una divinidad indígena para que protegiera la salud de su hijo Fusco. Este ara sirvió de pila bautismal en la iglesia de San Martín de Forua y ahora se encuentra también en el citado museo. Otra presencia femenina en Forua es nuevamente una diosa. Las mujeres terrenales pasaban discretamente por el mundo en aquellos tiempos. Se trata de una pequeña estatua de Isis-Fortuna con sus atributos habituales: en la mano derecha sostiene el cuerno de la abundancia con el que reparte fertilidad y dicha, y con la mano izquierda dirige el timón que rige el destino de los seres humanos. En la cabeza lleva los símbolos de la diosa egipcia Isis: una luna creciente que a modo de tocado sostiene el disco solar entre espigas. La estatuilla apareció en la cueva de Peña-Forua, donde alguien la ocultó cuidadosamente. Quizá otro romano atribulado que imploraba la intercesión de la más caprichosa de las deidades.

La tarde fue transcurriendo mientras visitábamos los lugares predilectos de Maite, que son muchos. Nos internamos por un estrecho sendero que terminaba en un lugar casi inaccesible al estar invadido por la maleza. En medio se entreveían unas ruinas. «Eso es lo que queda de la torre de Urdaibai—me dijo Maite—. También jugábamos en sus escaleras, pero ahora apenas queda nada». La casa-torre de Urdaibai fue construida en el siglo XV por Juan Pérez de Abendaño y da nombre al lugar. En 1929 sufrió un grave incendio y desde entonces no ha dejado de deteriorarse. En el recorrido por los lugares favoritos de Maite llegamos hasta la ermita de Triñe o de la Trinidad y al robledal de Trinizelai, donde nos sentamos a descansar en un viejo tronco caído. No me podía ir sin visitar la mayor necrópolis de Vizcaya, descubierta bajo el suelo de la iglesia de San Martín de Tours. Al salir de la iglesia la luz iba decayendo al ritmo que lo hacían mis fuerzas. El cansancio, combinado con el sudor acumulado de una mañana de caminata bajo el sol y el salitre de mi baño matinal, me hacía anhelar la ducha y la estupenda cena que me esperaban en casa de mi amiga. Nos dirigimos al coche para regresar al fin a casa, pero Maite conoce a todo el mundo y todo el mundo conoce a Maite, así que tardamos un buen rato en encontrarnos camino de Munguía, en cuyos alrededores vive mi amiga con Ramón, su marido y su perrita, *Lur*.

Un rato más tarde, sentada en la acogedora cocina-comedor de mis amigos, donde he pasado tantos ratos agradables, después de haberme duchado y adecentado lo mejor posible, observaba con delectación anticipada a Ramón, que se disponía a descorchar una botella de buen vino para celebrar la ocasión. No lejos de nosotros, Maite faenaba en la cocina ultimando los preparativos de la cena. Entonces tomé conciencia de la cualidad especial del momento y de las diversas formas que puede adoptar la felicidad: un hogar cálido después de un día agitado y lleno de pequeños acontecimientos, el olor a buena comida, las copas de vino que hicimos entrechocar, la conversación agradable y distendida. Antes de que anocheciera del todo salí un momento al jardín para despedir el día y contemplar los últimos destellos de luz. Venus, la estrella vespertina, brillaba sobre el Gorbea. En aquel momento el mundo me pareció un lugar en el que reinaba el orden y el buen gobierno, como en el cartel que habíamos contemplado en el poblado romano. Oí la voz de Maite, que me reclamaba para empezar a cenar. Me volví y entré en la casa para ocupar mi lugar en la mesa con *Lur* pegada a mis tobillos trotando tan alegremente como yo.

6

LOS SENDEROS DEL MAR

DE GUERNICA A COBARÓN

¡Oh Yavé, Señor nuestro! [...] Le diste [al hombre] el señorío sobre las obras de tus manos, todo lo has puesto debajo de sus pies. [...] todas las bestias del campo, las aves del cielo, los peces del mar, todo cuanto corre por los senderos del mar.

Salmos 8, 7-9

LOS ÁRBOLES, MÁS VALIOSOS QUE EL ORO

A la mañana siguiente, y mucho más tarde de lo previsto, Maite me dejó en el puente de Rentería donde debía dar comienzo mi etapa del día (Guernica-Baquio). Éste es un puente con historia. Pese a ser uno de los supuestos objetivos del ataque aéreo realizado contra Guernica el 26 de abril de 1937 por los bombarderos italianos y alemanes, quedó completamente intacto. No corrió la misma suerte la casa de mis abuelos maternos, que quedó reducida a escombros al igual que el setenta por ciento de los edificios de la villa. En Guernica se celebraban, bajo un roble, las juntas del Señorío de Vizcaya, constituidas por los representantes de los pueblos y convocadas mediante el encendido de hogueras en la cima de las montañas. En ellas se debatían los problemas comunes y se tomaba juramento al señor y al rey de que ambos respetarían los fueros. Con el tiempo el roble llegó a convertirse en símbolo de los fueros vascos. Quizá ese carácter simbólico fuera una de las razones que provocaron la destrucción de Guernica aquel lejano y aciago día de abril.

Mantengo una intensa relación sentimental con Guernica. Aquí creció mi madre y, según le gustaba repetir, allí vivió la época más feliz de su vida. Cuando visitábamos Guernica juntas, procurábamos que fuera lunes para recorrer su famoso mercado, donde siempre comprábamos alguna exquisitez culinaria. El recorrido sentimental incluía visitar el edificio de las antiguas Escuelas Públicas y allí me hablaba una vez más de doña Pía, su venerada maestra, la que le había inculcado un profundo afán por aprender. La mañana solía terminar con una agradable y excelente comida en alguno de sus restaurantes favoritos. También me gusta Guernica porque tiene como símbolo un roble, el árbol que por su porte y tamaño majestuosos fue objeto de adoración en la Antigüedad.

Hubo un tiempo—escribió Plinio el Viejo—en que los árboles eran más venerados que el oro o el marfil. Algunos pueblos consideraban sagrada una especie u otra de árbol, asignándole características mágicas y evitando de ese modo su tala. Tras ello se ocultaba un ancestral conocimiento de los beneficios que los árboles aportaban a la humanidad en forma de alimento, cobijo, calor, combustible y material para construir sus templos y moradas. En la antigua Grecia los árboles estaban vinculados a los dioses: el olivo se identificaba con Atenea, el laurel con Apolo, el roble y la encina con Zeus o el manzano con Afrodita. En los bosques poblados por estos árboles se levantaban templos de madera y adobe para honrar al dios correspondiente. El bosque sagrado más famoso de la antigua Grecia fue el robledal de Dodona, donde se encontraba un santuario dedicado a Zeus y a Dione, la diosa madre. También era la sede de un antiguo oráculo. Las sacerdotisas de Dodona interpretaban el murmullo del viento entre las hojas de los robles, y Homero, en la *Odisea*, hizo acudir a Ulises a ese oráculo para conocer la voluntad de Zeus a través del gran roble y saber cuándo llegaría por fin a Ítaca. Con el correr de los tiempos la madera de los templos fue sustituida por el mármol y el recinto sagrado o *cella* fue rodeado por un peristilo o serie de columnas que formaban un pórtico alrededor del santuario. Estas columnas son el remedo del antiguo bosque sagrado, el recuerdo y la evocación de los árboles que rodeaban los templos en los que se acogía y adoraba a la divinidad.

En euskera no existe el color verde. Están, en cambio, todos los demás: *beltz* ('negro'), *zuri* ('blanco'), *gorri* ('rojo'), *hori* ('amarillo'), *urdin* ('azul') y... *berde*, tomado del castellano. Es uno de esos enigmas idiomáticos que tanto fascinan a los lingüistas, como la ausencia del color azul en el griego antiguo. Los lenguajes humanos son entes bellos y misteriosos, y aunque los antiguos vascos tenían los mismos ojos que nosotros, su forma de ver y percibir el mundo era distinta de la nuestra y eso hacía que la «colorearan» de un modo diferente. Y, sin embargo, el País Vasco es y ha sido verde, muy verde, y el amor por este color subyace en lo más profundo del inconsciente colectivo de la humanidad. Con la llegada de la primavera, casi todas las culturas europeas celebraban el reverdecimiento del mundo. El verdor transmite reposo y es una promesa de vida y renacimiento. Son infinitos los rituales inventados por los seres humanos en todo el mundo para dar la bienvenida al retorno del follaje, del crecimiento vegetal y de la fecundidad de la tierra. En capiteles de iglesias y catedrales de Europa podemos encontrar al Hombre Verde medieval, una representación salvaje y atávica del mundo vegetal esculpida en piedra o madera y de cuyo rostro humano crecen hojas, ramas y zarcillos.

Se estima que el reverdecimiento de la Tierra comenzó hace alrededor de quinientos millones de años, en el período denominado Silúrico. Fue un acontecimiento primordial en el devenir evolutivo, puesto que preparó el camino para la aparición de los animales y llenó, de paso, el mundo de belleza. Hasta entonces la vida sólo existía en el mar y allí vivían las algas, antepasados de todas las plantas terrestres. La superficie de la Tierra era un mundo inhóspito y rocoso, sometido a los continuos embates de la erosión. También era un mundo profundamente silencioso, sólo se escuchaba el sonido de la lluvia, del retumbar de los truenos y del ulular del viento. Para que las plantas se decidieran a abandonar el agua hicieron falta tres mil millones de años durante los que las algas y bacterias verdiazules transformaron el dióxido de carbono en oxígeno, creando de ese modo una atmósfera terrestre adecuada para albergar vida. Las primeras plantas que se aventuraron a salir del agua a colonizar la tierra permanecieron prudentemente cerca de las orillas y se fueron alejando a medida que el aire se enriquecía con oxígeno. Carecían de raíces, de hojas y de sistema vascular y se reproducían por esporas. Estas plantas todavía viven entre nosotros, son los musgos, hepáticas, helechos y licopodios. En los talleres de la naturaleza se trabaja lentamente y, para prosperar, las plantas tuvieron que resolver enormes problemas de fontanería e ingeniería, de química y aerodinámica en un proceso que duró decenas de millones de años. Y así las plantas fueron dotándose de raíces, tallos, hojas y de un sistema vascular capaz de transportar agua y nutrientes desde el suelo hasta el ápice. Richard Fortey, en su apasionante obra *La vida, una biografía no autorizada*, dice:

La planta es poco más que una factoría fotosintética, con problemas de distribución y suministro como cualquier fabricante. Me pregunto si es una coincidencia que nos refiramos a las fábricas grandes y complejas como «plantas».

Se puede hablar de éxito rotundo en la colonización vegetal del planeta. Si hiciéramos ahora mismo un recuento de seres vivos sobre la Tierra, el 99,7 por ciento correspondería al mundo vegetal mientras que la vida animal se reduciría a un mero 0,3 por ciento. Stefano Mancuso escribe en *Sensibilidad e inteligencia en el mundo vegetal*:

> Si mañana las plantas desaparecieran de la Tierra la vida humana duraría unas pocas semanas, acaso unos meses, no más. [...] Si por el contrario fuésemos nosotros quienes desapareciéramos, las plantas volverían a apropiarse de todo el territorio que le hemos arrebatado a la naturaleza y, en poco más de un siglo, todos los signos de nuestra milenaria civilización quedarían cubiertos de verde.

Para encontrar el vegetal arbóreo más antiguo descubierto hasta la fecha tenemos que remontarnos al período Devónico, hace unos trescientos ochenta millones de años. Responde al nombre de *Wattieza* y está considerado el árbol fósil más antiguo, emparentado con los helechos y la cola de caballo. Fue en esa época geológica cuando aparecieron las plantas vasculares, dotadas de raíces, tallos y hojas, y ellas permitirían la formación de cadenas alimenticias complejas y la aparición de los primeros animales terrestres. Un árbol, cualquier árbol, es, según Richard Fortey, una obra maestra de ingeniería hidráulica. De manera absolutamente silenciosa, sin hacerse notar, cada árbol del bosque debe transportar para alimentarse ingentes cantidades de agua desde las raíces hasta las hojas, y la devolverá a la atmósfera a través de éstas. En un día caluroso un árbol grande debe transportar desde el suelo hasta la copa varios hectolitros de agua. Con su habitual sentido del humor, Bill Bryson nos recuerda en *Un paseo por el bosque* el ruido y el despliegue de maquinaria y aparatos que necesitarían los bomberos para hacer subir una cantidad de agua equiparable. En el árbol se encargan de todo ello el floema, el xilema y el cámbium, tres películas celulares del grosor de una hoja de papel. Juntas forman una húmeda capa en torno al duramen, un tejido leñoso compuesto de capas biológicamente muertas que proporciona al árbol una estructura lo suficientemente fuerte para mantener el peso del tronco y las ramas. Bryson escribe:

Esas tres diligentes películas celulares se encargan de toda la ciencia y la ingeniería necesarias para mantener un árbol con vida, y la eficiencia con la que lo logran es uno de los grandes milagros de la vida.

Pero la central de operaciones de los árboles y de las plantas, el sistema radicular o las raíces, en general se encuentra fuera de nuestra vista, bajo tierra, por lo que se podría afirmar que sólo llegamos a ver la mitad de un árbol.

Las raíces pueden detectar la gravedad, los campos electromagnéticos, la humedad del aire y la presencia de nutrientes o de venenos y moverse en consecuencia para aproximarse o alejarse de ellos. Darwin fue el primero en percatarse de que la punta de las raíces es un extraordinario órgano sensitivo equiparable al cerebro de un animal inferior. Stefano Mancuso, considerado una de las autoridades mundiales en neurobiología vegetal, describe el aparato radical de las plantas como un cerebro colectivo, una inteligencia distribuida que, a medida que crece y se desarrolla, va recabando información importante para su nutrición y supervivencia. Esos ápices radicales funcionan en red, es decir, de forma coordinada y en equipo, constituyendo una especie de Internet vegetal o *Wood Wide Net*. Y añade que los recientes avances en biología vegetal permiten estudiar las plantas como organismos con una capacidad demostrada para adquirir, almacenar, compartir, elaborar y utilizar la información que obtienen del entorno que las rodea.

Pero al mismo tiempo, los árboles son seres muy delicados. Fabrican lignina y celulosa, producen y almacenan tanino, savia, goma, aceites y resinas, distribuyen minerales y nutrientes, transforman los almidones en azúcares y algunos proporcionan frutos deliciosos. Como todo eso sucede en esas películas celulares tan finas, los árboles son extremadamente vulnerables a los organismos invasores y las plagas y, para combatirlos, han desarrollado sofisticados mecanismos de defensa. Uno de los principales recursos que utilizan para defenderse de las agresiones es la fabricación de sustancias químicas irritantes, repulsivas o venenosas, y cuando una plaga es especialmente grave, los árboles son capaces de avisar del peligro a sus congéneres. Bill Bryson escribe:

> Ciertos tipos de roble segregan una sustancia química que avisa a otros robles próximos de que hay un peligro cerca. Los robles vecinos reaccionan entonces incrementando la producción de tanino para resistir mejor el ataque que se avecina.

También se sabe que cuando un miembro de la especie enferma, los demás comparten con él sus nutrientes a través de su sistema de raíces.

Los robles surgieron en el Cretácico, hace unos cien millones de años; es curioso pensar que convivieron con los dinosaurios y que algunos de ellos ramonearían entre sus ramas, comerían sus bellotas o se tumbarían a su sombra. El ser humano siempre ha sentido veneración por este hermoso árbol y en la Antigüedad fue considerado sagrado por los griegos, romanos, celtas, germanos y eslavos. El muérdago que crecía en los robles se tenía por el propio espíritu del árbol y por una panacea capaz de curar todas las enfermedades. Lo debía cortar un druida, ataviado con túnica blanca, mediante una hoz de oro. Julio César se distinguió por primera vez como soldado al rescatar a uno de sus compañeros bajo el fuego enemigo durante el asedio de Mitilene (Lesbos), por lo que fue condecorado con una corona de hojas de roble. El roble más antiguo de Guernica de que se tiene noticia nació en el siglo XIV y vivió hasta 1881. Es conocido como el «Árbol Padre». Bajo él juraron los fueros de Vizcaya en 1476 los Reyes Católicos, y el poeta romántico inglés, William Wordsworth, le dedicó una oda («The Oak of Guernica»). Ha tenido al menos cuatro sucesores, plantados todos de bellotas del precedente. El conocido como «Árbol Hijo» nació en 1861 y sobrevivió al bombardeo de Guernica, pero no pudo con una plaga de hongos que se produjo durante una ola de calor en agosto de 2003. El actual es un joven roble de dieciséis años que creció en un bosque de Arratia, hijo del anterior. Debe de resultar duro para un roble, un ser social al que le gusta vivir en la comunidad del bosque como a todos los árboles, ejercer de símbolo. Quizá el roble de Guernica se siente solo y vulnerable, a pesar de todas las visitas y cuidados humanos que recibe. Pero el árbol más solitario del mundo se encuentra en el Real Jardín Botánico de Kew, en Londres. Se trata de *Encephalartos woodii*, una cícada primitiva procedente de Sudáfrica que recuerda por su aspecto una palmera. Al igual que el gingko, el *E. woodii* es una especie dioica, es decir, sus ejemplares son machos o hembras. El ejemplar de Londres es un macho solitario y de no aparecer un ejemplar hembra en algún lugar de la Tierra, irá envejeciendo sin tener sucesores y con él desaparecerá la especie.

Me resisto a abandonar Guernica sin contar una de las anécdotas más populares en mi familia. Su protagonista fue mi abuela materna. Aquella mañana del 27 de abril de 1937, la del bombardeo, la dedicó a cocinar un enorme perol de arroz con leche para repartirlo por la tarde entre los gudaris y refugiados. Después de comer llenó la mesa de la cocina de cuencos y los fue rellenando uno a uno con el dulce postre. Hacia las cuatro de la tarde, cuando sólo le faltaba espolvorear cada cuenco con canela, las campanas de Santa María empezaron a tocar a rebato y a su repicar se unieron todas las sirenas de las fábricas de Guernica. Mientras se quitaba el delantal para acudir a toda prisa a un refugio antiaéreo pensó que ya echaría la especia cuando volviera. A las cinco y cuarto comenzó el bombardeo que se prolongó hasta las siete. La Casa de Juntas, el Árbol de Guernica y el puente de Rentería no sufrieron daños, mientras que la población quedó arrasada. Mi abuela siempre contaba la historia del mismo modo y, para terminarla, hacía una pausa muy teatral, ponía los ojos en blanco y mirando al cielo exclamaba: «¡Ay, la canela! ¡La canela me la echaron desde el cielo los alemanes!».

DOS ENCUENTROS

La etapa de aquel día era larga, seis horas y veinticinco minutos según mi guía, aunque ese tiempo es siempre muy relativo y optimista y no suele incluir las paradas. Como me sentía vaga y quería hacer un desvío y subir a la ermita de San Juan de Gaztelugatxe, decidí acortarla un poco y coger el tren hasta Mundaca. En pocos minutos mi mochila y yo estábamos instaladas en un vagón casi desierto mientras nos deslizábamos cómodamente a través de las marismas de Urdaibai. Mundaca es uno de los pueblos más bonitos de la costa vasca. Hace treinta y cinco años unos *surfers* australianos que recorrían las playas del mundo en busca de la ola perfecta la encontraron aquí. Es la «ola izquierda» que se forma al romper en la barra de arena de la desembocadura del río Oka. Se origina en el mes de septiembre por los vientos del sur-suroeste y puede llegar a alcanzar cuatro metros de altura formando un tubo de cuatrocientos metros de longitud. Está considerada como la mejor ola de Europa y una de las mejores del mundo, y cada año atrae a Mundaca a surfistas de todas partes. Pero la ola se encuentra en peligro de desaparecer por unas extracciones de arena practicadas en la zona para devolver a la playa de Laida toda la que perdió durante los fuertes temporales del invierno de 2014-2015. Se diría que la presión humana es muy intensa sobre todo el área de Urdaibai, y encontrar el equilibrio entre las necesidades humanas y las exigencias de la naturaleza, una operación muy delicada. Pero aquel día de septiembre el mar estaba en calma y Mundaca invitaba a quedarse. Decidí hacer un alto y tomar el segundo café de la mañana. Me senté en una terraza del puerto con la agradable sensación de disponer de todo el tiempo del mundo. De la cocina salió una tortilla recién hecha y, mientras ojeaba la prensa, di cuenta de una buena ración. Otra de las cosas buenas de viajar a pie es que uno puede ser un poco indulgente con la comida. Al fin tomé la decisión de ponerme en marcha y enfilar hacia Bermeo. Cuando recorría una calle en busca del camino de la costa observé a un niño delante de mí que se agachaba y depositaba cuidadosamente algo sobre la repisa del muro de un jardín. Al pasar a su lado no pude evitar preguntarle qué es lo que había encontrado. Me señaló un caracol. «¡Vaya!—le dije—. Yo también salvo caracoles. Incluso los saco de los charcos para que no se ahoguen». «¿De veras?—preguntó, mirándome con curiosidad—. Mi padre me dice que no coja porquerías del suelo, pero yo creo que los caracoles no son porquerías y mucha gente los pisa…». «Estoy totalmente de acuerdo contigo», le dije. «¿Cómo te llamas?». «Pablo—contestó—¿y tú?». «María», respondí. Y mientras me dedicaba una sonrisa luminosa, de esas que sólo los niños saben esbozar, Pablo continuó su camino. Permanecí unos momentos sonriente observando al caracol que enfilaba decidido hacia el jardín vecino, donde vete a saber qué nuevos peligros le aguardaban en forma de quisquillosos jardineros, y con renovadas energías comencé a subir un repecho camino de Bermeo.

Debo decir que Pablo y yo no somos los únicos que salvamos caracoles. Ander Izagirre, autor de mi guía de la costa vasca, cuenta con mucha gracia en uno de sus libros cómo en los Apeninos salvó un caracol de morir pisoteado por las botas de unos montañeros depositándolo sano y salvo fuera del camino. Y junto con los gatos, los caracoles eran el animal favorito de Patricia Highsmith, esa conocida escritora con fama de misántropa. Se cuenta de ella que tenía hasta trescientos en su jardín y que cuando acudía a una cena social solía llevar unos cuantos en el bolso sobre una hoja de lechuga para que le hicieran compañía. En su perturbadora biografía sobre Patricia Highsmith, Joan Schenkar dice que ésta encontraba relajante contemplar la cópula de los caracoles por su cualidad estética; también le atraía la androginia de estas criaturas hermafroditas en las que es casi imposible distinguir quién es el macho y quién la hembra porque su conducta y apariencia es exactamente la misma. Highsmith también hizo protagonistas a los caracoles de dos inquietantes relatos contenidos en su libro *Once.* Y así, sumida en graves meditaciones sobre los moluscos gasterópodos, llegué casi sin darme cuenta a Bermeo.

Es probable que Bermeo fuera fundado por los romanos en el siglo I, pero la primera mención histórica de la villa data de 1051. Como «Cabeza de Vizcaya»—título que ostentó de 1476 a 1602, en que le fue arrebatado por Bilbao—, Bermeo ocupaba el primer asiento y tenía el primer voto en las Juntas Generales. Durante siglos su puerto fue el más importante del Reino de Castilla, su flota pesquera no tenía rival, sus astilleros, al igual que sus factorías conserveras, eran los más prestigiosos. Hoy sigue siendo un lugar que desprende gran energía y magnetismo. Si me embarcara en el puerto de Bermeo y navegara unas cuantas millas mar adentro en dirección norte, no tardaría en llegar a uno de los lugares más misteriosos y desconocidos del golfo de Vizcaya: el cañón o fosa de Capbreton. El 23 de marzo de 1875, el *Challenger*, buque que realizó la primera misión oceanográfica mundial, descubrió cerca de Guam, en el Pacífico occidental, el mayor abismo del océano, la fosa de las Marianas, de once kilómetros de profundidad. Desde entonces se han descubierto muchas más fosas submarinas; sólo en el golfo de Vizcaya hay ciento treinta cartografiadas, pero la más grande, profunda y majestuosa de todas es la de Capbreton. Si pudiéramos retirar el agua y contemplarla, nos encontraríamos con una especie de cañón del Colorado sumergido, con sus meandros, abismos, mesetas y acantilados vertiginosos. Comienza a trescientos metros del puerto de Capbreton en la costa francesa y se extiende doscientos setenta kilómetros hacia el oeste en línea recta, para luego virar bruscamente hacia el norte, a la altura de Santander, donde se funde con el cañón de Cap-Ferret y se precipita a profundidades abisales de más de cuatro mil metros.

El escritor científico Robert Kunzig, especializado en oceanografía, cuenta en su libro *La exploración del mar* que sabemos mucho menos del océano que de la superficie de Marte. Quedan por hacer, nos dice, muchos descubrimientos en los dos mil treinta y cinco millones de kilómetros cúbicos de agua que cubren los trescientos sesenta y dos millones de kilómetros cuadrados de fondo oceánico que ocupan las siete décimas parte de la Tierra. De hecho, hasta hace poco se pensaba que los fondos marinos eran lugares solitarios y desprovistos de vida. Nada más lejos de la realidad. En el cañón de Capbreton, en concreto, la combinación de la corriente fría del fondo con la más caliente y superficial e incluso con una vena de agua, cargada de salinidad y microorganismos, llegada desde el Mediterráneo provoca una «sopa biótica» única en su género y cargada de biodiversidad. ¿Quién vive en una fosa oceánica? Kunzig dice que en su mayor parte cosas que comen fango, como almejas y gusanos. Seres ajenos a la fotosíntesis que viven o extraen su energía de fumarolas de altas temperaturas y grandes concentraciones de sulfuro. Pero la llamada fauna abisal es todavía un universo por descubrir. Recuerdo cómo me impresionaban de pequeña las imágenes del misterioso mundo abisal y sus habitantes, peces con enormes cabezas y fauces abiertas recubiertas de puntiagudos dientes, enormes globos oculares y una antena sobresaliendo de la cabeza, iluminada a modo de linterna. Cuando James Cameron descendió en 2012 a la fosa de las Marianas en el *Deepsea Challenger*, los titulares de los periódicos hablaban de «vida alienígena», de los «seres monstruosos que pueblan los fondos marinos». Y es que algunos de los peces abisales lucen, junto a sus nombres científicos, apodos como «demonio de mar», «pez espectro», «pez hacha o fantasma de los océanos» y «pez dragón».

El ser humano siempre ha necesitado de monstruos y los ha buscado en el océano. Desde la Edad Media los relatos de marinos y exploradores poblaron el mar de las más variadas criaturas: serpientes gigantescas, sirenas, tritones…

Los fantásticos grabados del inglés John Martin sobre luchas de terribles dragones marinos de ojos centelleantes y diabólicos, posiblemente inspirados en los descubrimientos de fósiles de reptiles marinos, como el *ictiosaurio* de Mary Anning, contribuyeron a difundir su leyenda. En algún folleto divulgativo sobre el cañón de Capbreton he leído que allí posiblemente habitan los calamares gigantes o *Architeuthis*, el famoso monstruo *Kraken* que atrapaba barcos y los hundía con sus poderosos tentáculos; también mantenía luchas titánicas con cachalotes a los que siguen sirviendo de alimento. Los calamares gigantes son los mayores animales invertebrados del mundo y algunos alcanzan los dieciocho metros de longitud. Esto se sabe porque a veces quedan varados en alguna costa, pero nunca han sido observados en su hábitat nativo. Se han organizado expediciones cuyo objetivo era encontrar al furtivo calamar gigante en aguas de Nueva Zelanda..., pero sin éxito. Sigue sin dejarse ver, y por su bien esperemos que pueda seguir escondiéndose en los fondos marinos y conservando su anonimato para no terminar convertido en pienso para mascotas.

Para ir de Bermeo a Baquio a pie hay que subir al monte Burgoa, parte de un cordal montañoso que se interna en el mar formando el cabo Matxitxako. El calor, el peso de la mochila que se hacía sentir especialmente aquel día y mi flojera generalizada contribuyeron a que la modesta altitud de aquella cima (452 m) fuera adquiriendo proporciones propias del Himalaya. Una pista forestal rodeada a ambos lados por densas plantaciones de pinos y eucaliptos me fue llevando, entre resoplidos, hasta la cima. Allí me detuve a descansar un poco y a beber agua antes de emprender el descenso. Y mientras lo hacía me vi envuelta en una nube. El paisaje desapareció y en su lugar una bruma flotante lo envolvió todo cubriendo las verdes laderas de humedad. Éste es otro de los goces del trasladarse a pie de un lugar a otro, poder percibir los cambios atmosféricos en la propia piel. Sentir la lluvia, el viento, el rocío; oler los sutiles aromas que emanan de la tierra, ver deslizarse los jirones de niebla entre las rocas… Mientras descendía por la pista hacia la cumbre de Aznabarra, la nube se disolvió y apareció el mar con la inconfundible silueta de San Juan de Gaztelugatxe recortándose a los lejos (véase imagen 10). A veces, cuando camino al final de una estación, como entonces, en que el verano estaba dando paso al otoño, siento algo parecido a «nadar»; soy consciente de que los habitantes terrestres del planeta nos movemos en un medio físico, como los peces en el mar. Sucede cuando ráfagas de aire cálido se alternan con corrientes de aire frío. Dejarte envolver por el aire cálido, sentir su densidad, su caricia, y pasar luego a la levedad de una capa más fría de aire es una sensación deliciosa, algo que también ocurre a veces mientras estás nadando.

Como accidente geográfico, San Juan de Gaztelugatxe es un tómbolo, un islote unido a tierra firme por una estrecha lengua de tierra, o en este caso de rocas. Pero, dejando de lado las definiciones, es un capricho de la erosión, un lugar muy hermoso que parece sacado de un relato de piratas o de una novela de aventuras. El falso islote está rematado por una ermita cuyo origen se remonta al siglo X y está dedicada a san Juan Degollado. En su interior hay exvotos de marinos que se salvaron de naufragios y, encima del altar, una embarcación de pesca cuya proa está rematada por la cabeza de san Juan colocada sobre una bandeja y con los ojos abiertos de par en par. Se accede a ella por una estrecha escalinata de piedra, una especie de muralla china en miniatura de doscientos cuarenta y un empinados escalones. Junto a la ermita hay un pequeño refugio para protegerse del viento, de la lluvia o de una posible tormenta. Al entrar observé la presencia de bolsas de comida y cajas de bebidas, así como de ropa y otros indicios de ocupación humana. Cuando mis ojos se acostumbraron a la oscuridad reparé en una figura atareada en un rincón. Sin que yo le dirigiera la palabra me abordó y se presentó como un eremita que estaba viviendo, al parecer muy felizmente, en aquel notable lugar. Era un hombre joven, muy alto y fornido a la manera de Obélix o de Homer Simpson. Llevaba el pelo largo y un pendiente en forma de pluma en cada oreja e iba escuetamente vestido con un pantalón corto y una camisa azul de pescador hecha jirones que dejaba al descubierto gran parte de su anatomía superior. Iba descalzo. Me dijo que se ganaba la vida cogiendo percebes y que estaba escribiendo un libro. Comenté que debía de ser extraordinario pasar las noches en aquella soledad y silencio. Asintió, añadiendo que las noches de luna llena se las pasaba aullando.

Me despedí cortésmente y dejé que siguiera dedicado a sus eremíticas tareas. Mientras descendía me sobrepasó como una flecha, bajando, aún descalzo, los peldaños de dos en dos y cargado con un depósito para recoger agua en una fuente cercana. ¿Cómo realizaría el camino de regreso cargado de litros de agua? No me quedé para verlo. Crucé de nuevo el puente de piedra que une el islote a la costa y ascendí la pronunciada pendiente hasta la pista que me llevaría a Baquio. Mientras caminaba recordé que había estado fantaseando con la idea de dormir en San Juan de Gaztelugatxe. Nunca me he atrevido a dormir sola en medio de la naturaleza. Reconozco que me da miedo. Ese miedo a la oscuridad y a los lugares solitarios que forma parte del inconsciente colectivo de todas las mujeres. Algún día lo harás, me dije a mí misma. Pero no será allí. Es un lugar demasiado sublime. No tardé en divisar la silueta de Baquio que en la distancia resultaba acogedoramente familiar. Decidí buscar un lugar agradable para dormir y regalarme una buena cena. Había sido un día largo y caprichoso.

ANDANDO POR CASA

> No cesaremos de explorar
> y el final de nuestro vagar
> será llegar al lugar del que partimos
> y conocerlo por primera vez.
>
> T. S. ELIOT,
> *Cuatro cuartetos*, «Little Gidding»

Estaba avisada. Al repasar por la mañana la etapa del día (Baquio-Plencia), mi guía decía que era un «rompepiernas» y que se iniciaba con un «repechón de asfalto» de varios kilómetros; y cuando Ander Izagirre lo dice, uno puede estar seguro de que es verdad. Primero había que trepar al monte Jata (quinientos noventa y nueve metros y cota máxima del recorrido costero) y luego pasar el resto de la jornada subiendo y bajando cuestas y pendientes hasta llegar a tu destino. Tonificada por una noche de sueño reparador y después de un buen desayuno, salí de Baquio dispuesta a afrontar lo que me deparara aquella caminata. Lo del fuerte desnivel fue literalmente cierto, pero también tenía sus recompensas. Hice la primera parada para reponer fuerzas en la ermita románica de San Miguel de Zumetxaga, un lugar encantador rodeado de castaños y robles centenarios en la ladera este del monte Jata. Mientras examinaba su exterior me llevé una agradable sorpresa: en uno de los capiteles de las columnas de la ventana del ábside descubrí un «hombre verde», esa representación pagana del mundo vegetal de origen celta tan abundante en las iglesias de todo el arco atlántico europeo. El «hombre verde» de San Miguel de Zumetxaga, que lleva allí plantado novecientos años, vomita tallos por la boca y está rodeado de helechos y piñas de coníferas. En todo el humilde edificio abunda la iconografía vegetal. Intenté imaginar ese lugar en el siglo XII, cuando se construyó la ermita. Salvaje y remoto, debía de estar rodeado de espesos bosques que tal vez sirvieron de inspiración al maestro cantero que talló en piedra toda aquella abundancia verde. Las piedras nos hablan y nos permiten conversar con nuestros antepasados. Aquéllas me trajeron a la memoria la figura de los canteros medievales, hombres que recorrían libremente Europa, acompañados o no de su aprendiz, con su maza y su cincel por todo equipaje con los que tallaban «hombres verdes» en sitios tan distantes como Northumberland o Sevilla, León o Austria. Rodeé el edificio en busca de marcas de canteros, esos signos lapidarios que podían expresar la identidad del artesano, la logia a la que pertenecía o la posición de los sillares, pero no encontré ninguna.

Las cumbres de montes y montañas son espacios particulares; hasta en la más modesta cima se percibe una vibración especial. Contemplar el mundo desde las alturas siempre es un regalo para el caminante, y la cumbre del monte Jata, aunque afeada por la presencia de una antena, puso a mis pies toda la costa vasca, desde Francia hasta Cantabria y los Picos de Europa, entrevistos entre la bruma. Y si me daba la vuelta, la vista se perdía más allá de la familiar silueta de los montes de Vizcaya: Udalaitz, Gorbea, Amboto, Ganekogorta, Eretza… Y abajo, en la ladera, en algún punto rodeado de árboles, se encontraba la casa de mis amigos Maite y Ramón, donde hacía tan poco tiempo había disfrutado de una agradable velada. Producto tal vez de la amplitud de las vistas o de la cualidad diáfana del aire de finales de verano, me puse de nuevo en camino sumida en una agradable sensación de euforia y gratitud. Tras un largo y pronunciado descenso zigzagueando por pistas forestales bordeadas de plantaciones de eucaliptos que han suplantado, ay, al bosque autóctono, y unas cuantas subidas y bajadas, llegué por fin al puerto de Armintza, donde hice una merecida parada. El tramo final de la etapa que conduce hasta Plencia es un auténtico regalo para el caminante, un sendero costero de suaves pendientes desde el que apenas se pierde de vista el mar. Mientras lo recorría no tardó en aparecer la familiar silueta del faro de cabo Billano. Todos los faros, los de cualquier costa del mundo, son edificios nobles y bellos, siempre evocadores, y sólo en la costa vasca se pueden encontrar doce. Al igual que los romanos plantaban esbeltos cipreses en la entrada de sus villas para dar la bienvenida a los viajeros, los faros saludan a los navegantes desde sus promontorios rocosos y los conducen de vuelta a casa. La palabra *faro* proviene de la isla de Pharos, en la entrada del puerto de Alejandría, donde se construyó en el siglo III a.C. una torre de ciento treinta y cuatro metros de altura. En la parte más alta, un gran espejo metálico reflejaba la luz del sol durante el día y, por la noche, una gran hoguera proyectaba luz a una distancia de cincuenta kilómetros. Su constructor, el arquitecto e ingeniero Sóstrato de Cnido, inscribió en su base: «Sóstrato, hijo de Dexífanes de Cnido, en nombre de todos los marinos, a los dioses salvadores». El faro de Alejandría sobrevivió hasta el siglo XV, en que fue derribado por un terremoto.

Los etruscos y celtas encendían hogueras sobre piedras sagradas para orientar a los navegantes de noche y griegos y romanos levantaron atalayas para iluminar con fuegos los promontorios del Mediterráneo. Durante la Edad Media las costas volvieron a convertirse en lugares oscuros y tenebrosos; las hogueras se apagaron por miedo a los ataques de piratas y vikingos. Ocasionalmente aparecían luces durante la noche; podían ser los «falsos faros», esa terrible práctica que conducía a las naves hacia los escollos donde naufragaban y eran saqueadas. En aquella época todo barco era un enemigo en potencia y, si naufragaba, una presa. Las hogueras fueron sustituidas por lámparas de aceite, pero la iluminación de los faros no dio un paso decisivo hasta el siglo XIX, cuando el comisionado francés para faros, Augustin Fresnel, inventó la lente que lleva su nombre, la cual concentraba e intensificaba el haz de luz. La lente Fresnel fue instalada por primera vez en el majestuoso faro de Cordouan, en la costa de Aquitania, en 1823 y adoptada de manera generalizada en Europa. Hasta finales del siglo XX los fareros se ocupaban de mantener las instalaciones y del funcionamiento del faro e incluso vivían en él. Las nuevas tecnologías han vuelto obsoleta esta profesión y ahora los faros están cerrados, funcionan de forma automática y son controlados a distancia. Sentarse a la sombra de un faro siempre me resulta una experiencia agradable. Sus esbeltas torres logran transmitirme su espíritu hospitalario y benefactor. Aquella tarde hice un alto en el faro de cabo Billano, de diseño vanguardista y rodeado de un precioso bosque de encinas que se desliza por la ladera hasta el mar, recuerdo de cómo debían de ser los montes costeros mucho tiempo atrás. Poco podía imaginar mientras contemplaba el agreste paisaje que año y medio después volvería a ese mismo lugar algunas tardes, cuando mi hermano me relevaba de la cabecera de mi madre, que permanecía ingresada en el cercano hospital de Górliz, donde finalmente falleció. Pero aquella tarde de septiembre no había ninguna sombra en el horizonte, y cuando por fin tuve ante mí la bahía de Górliz con la silueta de Plencia recortándose en el horizonte, apenas eché una mirada al edificio del hospital inaugurado como sanatorio marino y helioterápico en 1919, época en que todavía se consideraba que la exposición al sol y el yodo marino eran los mejores remedios para luchar contra la tuberculosis.

El nombre de Plencia me trae reminiscencias de interminables mañanas de verano de la infancia pasadas dentro del agua de la que salía con la piel arrugada como la de una pasa; mañanas dedicadas a zambullirme bajo las olas justo antes de que rompieran; de un traje de baño de dos colores; de patatas fritas compradas en la playa y de tardes de excursión en bicicleta hasta la punta de Astondo con la merienda y una cantimplora que alguien me había traído de Lourdes y transmitía un espantoso sabor a plástico a cualquier líquido que se pusiera dentro. Plencia me trae a la memoria callejas con sabor marinero, ropa tendida y olor a salitre. Aunque ha crecido, sigue siendo un lugar encantador y tranquilo que vive al ritmo marcado por las mareas que fluyen por la ría, ora tierra adentro, ora de nuevo hacia el mar. A partir de Barrica, el sendero que serpentea por la costa en dirección a Getxo y al abra de Bilbao discurre por paisajes que me son muy familiares. Era como andar por casa o eso es lo que yo creía. Pero mientras los recorría me dio por pensar si realmente los conocía o si, en realidad, aquel paisaje no había constituido para mí más que un mero marco de mis avatares, un decorado por el que yo iba y venía sin reparar en nada de lo que me rodeaba, absorta en mis minucias existenciales.

Los años y el hábito de caminar me han hecho tener en cuenta lo que me rodea. He aprendido a ser consciente de los accidentes del terreno, de la presencia de las plantas, los animales y las aves. El paisaje se ha transformado en un ente complejo en el que se desarrolla el drama de la vida y del que yo formo parte. He adquirido una visión más amplia que me permite contemplar con igual arrobo una tela de araña empapada en el rocío de la mañana o el dédalo de constelaciones en el cielo nocturno. Y, sobre todo, el mar, cuyo latido me había acompañado durante este pequeño periplo costero que estaba llegando a su fin. Ese mar del que apenas sabía nada y cuya magnitud he ido descubriendo con los años. Contemplado desde el espacio el planeta aparece de color azul y si la especie humana no fuera tan arrogante debería haber llamado a su planeta «Agua», o «Mar» u «Océano» en lugar de Tierra. El agua cubre más del setenta por ciento de la superficie terrestre, más de dos terceras partes que permanecen ocultas a nuestros ojos. En el principio fue el agua y el agua es la sustancia que hace que nuestro planeta sea lo que es y seamos lo que somos. Aquella calurosa mañana de mediados de septiembre el mar me llamaba invitadoramente, de modo que a la altura de Sopelana abandoné el sendero y bajé a la playa. Me deslicé lo más discretamente posible entre los bañistas hasta un rincón al pie del acantilado, donde me desembaracé de la mochila, las botas, los bastones y la ropa de caminante y me puse el traje de baño. A los pocos minutos me encontraba placenteramente en el agua sumergiéndome bajo las olas mientras sentía cómo se disolvían los sudores de la mañana.

Después de secarme al sol retomé el camino costero para, al cabo de poco tiempo, descender a otra playa, la de Gorrondatxe, esta vez no para bañarme sino para contemplar los estratos que le han valido un clavo dorado de la Comisión Internacional de Estratigrafía. El lugar donde ha sido colocado el clavo señala el comienzo del período geológico conocido como «luteciense», una perfecta sucesión de estratos que hace cuarenta y ocho millones de años estaban a mil metros bajo un mar más cálido que el actual y que afloraron a la superficie a consecuencia de la orogenia alpina. Concluida mi visita geológica continué mi camino, atravesé algunas zonas urbanizadas hasta que el sendero de la costa se transformó en un elegante paseo enlosado, a tono con los lugares por los que discurre: el club de golf de Neguri, Punta Galea, Algorta y Las Arenas, lugares en los que se asentó la gran burguesía bilbaína a finales del siglo XIX, enriquecida por el comercio del hierro, la industria siderúrgica, las compañías navieras y los astilleros. Atravesé el puerto viejo de Algorta, que resiste el paso del tiempo y sigue conservando todo su encanto de barrio de pescadores además de unas tabernas fabulosas en las que reponer fuerzas. A partir de ahí avancé en dirección a Las Arenas por el paseo de la playa de Ereaga, bordeado de palacios, mansiones y villas de estilo inglés, casas de estilo neovasco, puertos deportivos, el club marítimo…, hasta desembocar frente al símbolo del poderío siderúrgico de Vizcaya durante gran parte del siglo XX: el Puente Colgante, inaugurado en 1893, una maravilla de la ingeniería de la época que permitía el traslado de pasajeros y de carga sin entorpecer el abundante tráfico marítimo. En 2006 fue declarado Patrimonio de la Humanidad de la Unesco por ser una de las obras más destacadas de arquitectura en hierro de la Revolución Industrial y por su innovador uso de los cables de acero ligero trenzado.

«BILBAO SONG»

El itinerario descrito en mi guía no contemplaba pasar por Bilbao, pero, una vez en el Puente Colgante, la sentí tan próxima que no me pude resistir a hacerle una visita. Bilbao es una ciudad que pertenece al mar, con el que se comunica a través de la ría del Nervión, la misma que remontaron hace muchos siglos los romanos durante sus viajes de exploración de la costa cantábrica y cuyo paso ha quedado atestiguado por algunas monedas con la efigie de los emperadores Adriano y Antonino Pío que alguien perdió en sus orillas. El filólogo y lingüista prusiano Wilhelm von Humboldt, durante su viaje de estudio del euskera por el País Vasco en 1801, encontró que Bilbao y algunos parajes de su ría eran extraordinariamente bonitos. En la década de 1980, cuando el mazazo de la Revolución Industrial ya lo había renegrido todo, el cineasta Wim Wenders declaró que la ría y su entorno eran el paisaje más cinematográfico del mundo (aunque nunca llegara a rodar allí). He vivido en varias ciudades y en todas me he sentido en casa, al igual que cuando me detengo a descansar en un tronco caído del bosque o en la roca de un acantilado. Me he hecho nómada, y allí donde planto mis cuatro cosas, aunque sea por un día, es mi casa. Pero Bilbao es mi ciudad natal y siento debilidad por ella. Cuando la visito me gusta subirme al tranvía como una turista más para ir descubriendo poco a poco sus últimas transformaciones urbanas. Y, desde la década de 1990, éstas han sido tan impresionantes que en 2010 Bilbao fue reconocida con el Premio mundial de las ciudades Lee Kuan Yew, el equivalente al Nobel de Urbanismo. Aunque nunca pusieron el pie en Bilbao, el compositor Kurt Weill y el dramaturgo Bertolt Brecht le dedicaron una canción—«Bilbao Song»—en el musical *Happy End* estrenado en Berlín en 1929. En la canción se alude a la «vieja luna de Bilbao y al estupendo salón de baile de Bill donde podías procurarte todo tipo de placeres» y ha sido interpretada por cantantes tan dispares como Yves Montand, Andy Williams o Marianne Faithful. En 1982 el guitarrista de jazz Pat Metheny acudió a la ciudad con su grupo para tocar en el pabellón de la Casilla. Cuando salió al escenario el inmenso local debió de parecerle deprimentemente vacío. El público apenas llegaba a las doscientas personas pero demostró tal entrega y entusiasmo que Metheny actuó en estado de gracia durante tres horas seguidas. Se fue tan encantado que dedicó una pieza a la ciudad, «Song for Bilbao», convertida ahora en todo un clásico de su repertorio. Y siguiendo con mi juego de ponerle música a una ciudad, algo tan inaprensible como el espíritu de Bilbao estaría atrapado para mí en el *Vals n.º 2* de la *Suite para orquesta variada* de Dmitri Shostakóvich, una melodía bailable entre melancólica y festiva que Stanley Kubrick hizo célebre en su film póstumo *Eyes wide shut.*

Bilbao y sus alrededores encierran cosas valiosas: allí vive mi familia, unos—pocos—buenos amigos, un ex marido con el que todavía puedo compartir una copa de vino y echar unas risas, unos cuantos bares que nunca defraudan, los bollos de mantequilla y algunos rincones urbanos que forman parte de mi topografía íntima. Mientras viví en Bilbao hubo un lugar que fue y sigue siendo muy querido: el Museo de Bellas Artes o Museo del Parque, como siempre lo he llamado. En él hallaba sosiego y refugio del tráfago urbano, y durante una época adquirí el hábito de citarme con amigos delante de un cuadro determinado que solía cambiar en función del cariz del encuentro. Uno de los más frecuentados de ese modo era el *Retrato de Tomás Meabe*, pintado por Alberto Arrúe, y que le gustaba especialmente a mi padre. Otro, muy distinto, era el sugerente *Lot y sus hijas*, de Orazio Gentileschi, aunque mi favorito era una pequeña pintura de Salvatore Rosa, desaparecida ahora de las salas del museo y que espero volver a encontrar algún día. Era tal mi asiduidad que los amables porteros del museo estaban convencidos de que yo era un personaje muy importante del mundo del arte. Nunca les saqué de su error.

Durante mis últimas visitas al museo me he centrado exclusivamente en las salas de pintura vasca y, en ellas, he examinado con especial atención los cuadros relacionados con el mar, en los que aparecen retratados marinos y pescadores. Lo primero que llama la atención en esos cuadros es la gravedad, la solemnidad y la épica que desprenden en contraste con el tono sereno y, a veces, incluso festivo con el que es representada la vida tierra adentro de los campesinos. Los trabajos del mar son un asunto serio, no hay lugar para bromas ni risas. Sus protagonistas son hombres enjutos, de mirada penetrante, clavada en algún punto lejano e indefinible. Son titanes acostumbrados desde la infancia a ver de cerca la muerte. Pero más tremendas aún son las representaciones de quienes les esperan en tierra; mujeres viejas y jóvenes acompañadas de niños que aguardan angustiadas en el puerto el regreso de hijos, maridos y hermanos. Uno de los cuadros que más me conmueve es *El txo* ('grumete') pintado por Adolfo Guiard (Bilbao, 1860-1916), un niño captado en el momento en que hace un alto en su tarea de cortar nabos y coles para la sopa de la tripulación y cuya mirada baja y boca entreabierta transmiten una soledad y un desarraigo indecibles.

Otro de los óleos más emblemáticos de temática marina se encuentra en el Museo Reina Sofía de Madrid. Es el llamado *El marino vasco Shanti Andía, el temerario*, pintado por Ramón de Zubiaurre (1882-1969), un cuadro de grandes proporciones que muestra como ninguno la lucha titánica inherente a los trabajos del mar. Zubiaurre representó al protagonista de la novela *Las inquietudes de Shanti Andía*, de Pío Baroja, inspirándose quizá en el capítulo llamado «La tempestad». El cuadro, de estética gauguinesca y postimpresionista, está dividido por una diagonal delineada por los cabos del velamen que los marineros se esfuerzan por sujetar y que delimita por un lado el ámbito del mar, surcado por olas montañosas, y por otro, el de la embarcación con sus tripulantes. Muy a lo lejos se intuyen las casas del puerto, inverosímilmente inclinadas para que nos hagamos una idea de la delicada situación del barco que lucha por entrar en la bocana. Y en el centro, la hierática figura de Shanti Andía, un auténtico lobo de mar con la mano extendida para señalar el rumbo al timonel que se encuentra a sus espaldas, vestido con una casaca encerada de tonos rojizos, prenda de pescadores y marineros que según Baroja «echaba un olor, mezcla de aceite de linaza, pescado frito y agua de mar, muy desagradable». Todas estas pinturas de tema marino me trajeron a la memoria las fotografías de José Ortiz Echagüe, considerado uno de los tres mejores fotógrafos del mundo por la revista *American Photography* en 1935. Ortiz Echagüe realizó en la década de 1920 una serie de potentes retratos de hombres del mar, jóvenes y mayores, en Pasajes, Orio, Ondárroa y Zumaya, titulada *Remeros vascos*. La cámara de Ortiz Echagüe y sus personales técnicas de revelado transformaron a los retratados en héroes, seres míticos y atemporales que atraen hipnóticamente la atención del espectador hacia sus enigmáticas miradas y las manos poderosas que sujetan los remos o las redes.

Los vascos aprendieron muy pronto a leer los caminos del mar y navegaron hasta Terranova guiándose por la estrella polar. Hay quien sostiene que llegaron a esos lejanos territorios boreales en 1375 y que lo habrían mantenido en secreto para que nadie descubriera la riqueza de aquellos caladeros. No existen evidencias históricas que lo avalen, pero sí están documentados los asentamientos permanentes que mantuvieron en la península de Labrador durante los siglos XVI y XVII y, uno de ellos, la estación ballenera vasca de Red Bay, fue declarado Patrimonio de la Humanidad en 2013. Los caminos del mar fueron las vías marítimas por las que circularon durante milenios mercancías, dioses, lenguas, ideas, canciones, poemas, historias y mitos. Los seres humanos descubrieron muy pronto las posibilidades que les brindaban las corrientes marinas, los vientos dominantes y las mareas para desplazarse de un lugar a otro. Siempre imaginamos los caminos como vías terrestres, pero el océano también tiene sus propios senderos, gráficamente denominados *sea paths*, *sea roads*, *seaways*, en lengua inglesa—*itsasoko bideak* en euskera—. Caminos acuáticos invisibles que se disuelven al paso de las embarcaciones que los surcan, sin dejar más huella que una ligera estela a popa, y que podemos ver representados únicamente en las cartas marinas, como una secuencia de coordenadas, señales y líneas de puntos.

Se ha calculado que las naves vikingas, en condiciones adecuadas de viento y oleaje, podían recorrer en un día ciento cincuenta millas náuticas (unos trescientos kilómetros), por lo que, el viaje desde la costa noruega a las islas Shetland en Escocia podía durar dos días e Islandia podía ser alcanzada en una semana. Los primeros marinos que surcaron los mares emplearon técnicas de navegación naturales basadas en la observación al atardecer de la dirección de las aves marinas que volvían a tierra a pasar la noche, de la estrella polar—el punto celeste fijo sobre el que todas las demás estrellas parecían girar—, la forma del oleaje o mar de fondo y las nubes orográficas cuya presencia delataba la existencia de tierra en el horizonte. Los marinos de todas las épocas aprendieron a «leer» la superficie del mar. Sabían interpretar las diversas variables de las olas y lo que se podía esperar de ellas; examinaban la superficie del agua para discernir dónde se juntaban y mezclaban las corrientes; absorbían las sutilezas del viento que aportaba olores cargados de información; analizaban las perturbaciones por pequeñas que fueren y estaban alerta ante cualquier imprevisto. Como escribió Mark Twain:

> La superficie del agua llegó a convertirse con el tiempo en un libro maravilloso. Un libro que no decía nada a los pasajeros ignorantes, pero que se abría ante mí sin reservas... no era un libro para leer una vez y dejarlo de lado, porque cada día tenía una nueva historia que contar.[1]

El primer navegante intrépido que dejó un relato detallado de su periplo marítimo fue el griego Piteas, nacido en la colonia griega de Massalia (Marsella) en torno al año 350 a. C. Piteas zarpó de su ciudad natal en el año 325 a. C., atravesó las Columnas de Hércules (estrecho de Gibraltar) y, practicando la navegación de cabotaje, recorrió las costas de la península ibérica y la Galia, donde se detuvo en el monte Saint Michel, importante centro de comercio del estaño en la Antigüedad. Costeó Gran Bretaña y visitó las islas Orcadas y las Shetland, y tras navegar seis días rumbo al norte descubrió una lejana tierra a la que llamó Thule, en la que había un fuego siempre encendido, tierra que pudo ser Islandia. Siguió navegando rumbo al norte hasta cruzar el círculo ártico, donde se detuvo al encontrar «el mar solidificado». A su regreso visitó Dinamarca, exploró el Báltico, donde se comerciaba con ámbar, y al cabo de un

[1] Mark Twain, cuyo verdadero nombre era Samuel Clemens (1835-1910), fue en su juventud piloto fluvial de los barcos de vapor que surcaban el Misisipí. El pseudónimo literario, Mark Twain, es una medida marítima y significa 'una profundidad de dos brazas'.

año regresó sano y salvo a casa para contar una buena historia: *Περί τοῦ Ὠκεανοῦ* o «Sobre el océano», obra en la que relataba todos los pormenores de su viaje, lamentablemente desaparecida en el incendio de la Biblioteca de Alejandría. Si han llegado hasta nosotros las aventuras de Piteas es gracias a los numerosos comentarios que de su obra hicieron sabios como Estrabón, Diodoro de Sicilia, Plinio y muchos más, y no siempre favorables, ya que en ocasiones se le tildó de fantasioso y embustero. Pero Piteas, llevado de su espíritu científico y aventurero, determinó la posición del polo norte celeste, calculó la latitud de Massalia con un error de pocos minutos (43° 3' N en lugar de los 43° 17' reales) y fue el primer viajero que dejó constancia del sol de medianoche, la aurora boreal, y que relacionó las fases de la luna con las mareas.

Hacia el año 150 a.C. el cartógrafo y astrónomo Ptolomeo de Alejandría trazó las líneas de longitud y latitud en los veintisiete mapas de su primer atlas del mundo. Hallar la latitud nunca supuso un problema para los navegantes. Cualquier marino que se preciara podía calcularla mediante la duración del día o la altitud del sol o bien según la posición de las estrellas en el firmamento nocturno. Hallar la longitud, en cambio, constituía un serio problema con el que se habían debatido las mentes más lúcidas durante la mayor parte de la historia de la humanidad. El tiempo influye en la medición de los meridianos de longitud. Para determinarla había que saber qué hora era en el barco y también en el puerto de base o en otro lugar de longitud conocida en ese mismo momento. Los dos tiempos reales permitían que el navegante convirtiera la diferencia horaria en distancia geográfica. En los siglos XV, XVI y XVII los navíos habían empezado a surcar los océanos cada vez en mayor número, ya fuera debido a la necesidad de sus tripulantes de ganarse la vida en el mar o de explorar territorios para descubrir nuevas fuentes de riqueza. Se navegaba basándose en la latitud, el punto estimado y la mayor o menor pericia de los pilotos. Como no existía un método para determinar la longitud, hasta los mejores capitanes podían perderse y pasar de largo la isla en la que había agua o el puerto en el que reabastecerse. Las travesías podían prolongarse peligrosamente, con la consiguiente aparición a bordo del temible escorbuto.

En *Longitud*, libro que narra la historia de cómo y quién resolvió ese acuciante problema científico, Dava Sobel escribe:

> Obligados a navegar únicamente con la guía que les proporcionaba la latitud, balleneros, buques mercantes, buques de guerra y barcos piratas se apiñaban en rutas muy transitadas, donde unos hacían presa de otros.

El desastroso naufragio ocurrido en 1707 en las islas Sorlingas (*Scilly islands*) a tan sólo siete millas de la costa inglesa por la incapacidad de los navegantes de determinar sus posiciones en medio de un temporal, y que ocasionó la pérdida de cuatro navíos de la Royal Navy y la vida de más de dos mil marinos, puso de manifiesto la penosa situación de la navegación. La cuestión de determinar la longitud se convirtió en prioridad nacional y el Parlamento británico se apresuró a promulgar el famoso Decreto de la Longitud, por el que se ofrecía una recompensa de veinte mil libras a quien solucionara el problema. En 1567, Felipe II, rey de España, ya había ofrecido un premio a quien descubriera la solución al problema de la longitud; en 1598, su hijo Felipe III aumentó la cuantía del premio, y Luis XIV estableció en 1666 premios para el avance de la navegación. Pero hubo que esperar al siglo XVIII a que apareciera el genio.

Se llamaba John Harrison (1693-1776) y era un carpintero de profesión y relojero autodidacta nacido en Yorkshire. Harrison dedicó treinta años de su vida a inventar y perfeccionar el cronómetro o reloj marino que permitiría determinar con precisión la longitud y la posición de los barcos. Realizó cinco prototipos, tres de los cuales siguen en funcionamiento y pueden contemplarse en el Museo de Ciencias de Londres. Mantuvo agrias peleas con el Consejo de la Longitud, que a regañadientes otorgó la mitad del premio prometido al final de su vida. Sólo a su muerte le fue reconocido todo el valor de su descubrimiento.

El siglo XIX se reveló pródigo en avances para la navegación y el conocimiento de los océanos. Una figura relevante fue Matthew Fontaine Maury (1806-1873), oficial de la marina de Estados Unidos que a los veinticuatro años ya había dado la vuelta al mundo. Apasionado del océano y fervoroso lector de la Biblia, se cuenta de él que estaba subyugado por el salmo 8 del rey David en el que se alude a los senderos del mar y a todo lo que por ellos transita. Un accidente de diligencia le incapacitó para la vida activa en la Marina y con treinta y tres años fue relegado a un despacho para que dirigiera el Depósito de Cartas e Instrumentos de Navegación. El azar le había colocado en el lugar perfecto. Comenzó por inventariar todas las cartas náuticas, mapas y cuadernos de bitácora que le habían sido encomendados. Recopiló pacientemente datos, algunos de más de cien años de antigüedad, sobre vientos, corrientes y mareas. Dividió el Atlántico en segmentos de cinco grados de longitud y latitud. Anotó la temperatura, velocidad y dirección del viento y el oleaje en cada segmento y según la época del año. Los datos le revelaron la existencia de unos patrones y la posibilidad de establecer rutas marítimas más eficientes. Como necesitaba más información hizo que los capitanes de los buques de la Armada rellenaran un impreso que él diseñó donde debían registrar los datos de sus navegaciones y entregarlo al arribar a puerto. Maury descubrió al fin los caminos del mar en los que vientos y corrientes eran especialmente favorables y sus cartas náuticas redujeron la duración de los viajes transoceánicos en una tercera parte. Convencido de que el conocimiento de los océanos no podía avanzar sin la colaboración internacional, logró convocar una conferencia en Bruselas en 1853 en la que se adoptó un sistema estándar de anotaciones náuticas y meteorológicas, y en 1855 publicó *The Physical Geography of the Sea and its Meteorology* ('Geografía física y meteorología del mar'), considerado uno de los textos fundacionales de la oceanografía.

En la década de 1980 el oceanógrafo Wallace Broecker propuso por primera vez el término *cinturón termohalino*—*termo* hace referencia a la temperatura y *halino* al contenido en sal del agua—, el viaje planetario que realiza el agua del mar impulsada por diferencia de densidades y que tarda en completarse de mil a mil quinientos años. Las corrientes superficiales del mar se conocían desde antiguo, ahora se sabe que en los fondos marinos hay auténticas autopistas de agua y que de los intercambios de salinidad entre aguas superficiales y profundas depende el clima de la Tierra. De hecho, los meteorólogos tratan cada vez más la atmósfera y los mares como un sistema único. El agua transporta cantidades increíblemente grandes de calor y la corriente del Golfo, por ejemplo, es responsable de que los inviernos de Gran Bretaña e Irlanda sean relativamente suaves, comparados con los de Canadá o Siberia. El principal agente de ese transporte de calor es precisamente la circulación o cinta transportadora termohalina, originada en las corrientes lentas y profundas del fondo de los océanos y cuya influencia sobre nuestro clima es inmensa. ¿Y quién mantiene estable el clima de nuestro planeta? Los responsables son esos pequeños organismos marinos—foraminíferos, cocolitos, algas calcáreas—que una vez muertos se depositan en el fondo de los océanos y se transforman en nuestra conocida roca caliza. Esos pequeños seres captan el dióxido de carbono de la atmósfera y con él fabrican sus caparazones. Al mantener encerrado el carbono en sus cáscaras evitan que vuelva a evaporarse y concentrarse en la atmósfera creando el peligroso gas de efecto invernadero. Hay veinte mil veces más carbono retenido en las rocas de la Tierra que en la atmósfera.

El problema es que los seres humanos llevamos ciento cincuenta años lanzando al aire cantidades ingentes de carbono extra; total que aumenta en unos siete mil millones de toneladas al año. Gracias a las muestras de hielo antiguo sabemos que el nivel «natural» de dióxido de carbono atmosférico es de doscientas ochenta partes por millón. Hoy es de más de trescientas sesenta partes por millón y, si no se remedia, se espera que a finales del siglo XXI se eleve a quinientas sesenta partes por millón. Hasta ahora, los bosques—que también retienen grandes cantidades de carbono—y los mares mantienen la situación bajo control, pero al decir de los expertos, existe un umbral crítico a partir del cual la biosfera no sólo deja de protegernos de las emisiones sino que empieza a amplificarlas.

Si hay un autor que enseña deleitando y encima te hace sonreír incluso con los temas más peliagudos, ése es Bill Bryson. En su más que recomendable libro de divulgación científica, *Una breve historia de casi todo*, Bryson nos recuerda que se han producido ciclos semejantes en el pasado, por causas naturales y antes de que los seres humanos hubiéramos puesto siquiera el pie en la Tierra.

La buena noticia es que incluso en estos casos, la naturaleza es absolutamente maravillosa. Es casi seguro que el ciclo del carbono se restablecerá al final y devolverá a la Tierra a una situación de estabilidad y felicidad. La última vez que lo hizo, no tardó más que sesenta mil años.

Me demoré un buen rato ante los cuadros de marinos y pescadores tratando de adivinar el misterio encerrado en sus miradas; miradas de quienes han visto cosas que nosotros, los de tierra adentro, no podemos siquiera imaginar y que los artistas han sabido captar con maestría. Antes de abandonar las salas de pintura vasca del museo acudí a despedirme de otro cuadro que me es muy querido, *La aldeanita del clavel rojo*, otra niña proletaria pintada con tremenda delicadeza por Adolfo Guiard y cuya triste mirada se volvió a clavar en mí, interpelándome. Y así, repleta de enigmáticas miradas, abandoné el Museo de Bellas Artes y salí a otro de mis lugares predilectos de Bilbao, el parque de Doña Casilda, conocido popularmente como el parque de los patos. Fue diseñado en 1907 como jardín de estilo romántico inglés, con paseos, bancos, fuentes, pérgolas y estanques. También contiene una magnífica colección de más de mil quinientos árboles de todo el mundo, plátanos, robles, hayas, cedros, arces, ginkgos, helechos arborescentes, castaños, varios de ellos centenarios. No suelo irme de la ciudad sin visitar mis dos favoritos, una acacia del Japón, que cuando florece en primavera produce una espectacular lluvia de pétalos blancos, y un alcanforero, *cinnamomum camphora*, oriundo del Sudeste Asiático. Tengo la costumbre de depositar alguna piedrecita en sus bases que recojo en la siguiente visita. Inocentes y pequeños ritos íntimos. Y si voy a Bilbao en primavera procuro acercarme a otro de mis rincones urbanos preferidos, el muelle de Martzana, frente al mercado de la

Ribera, donde hay plantados varios cerezos; cuando florecen, componen una exquisita y exótica nota oriental en el adusto paisaje de la ría.

ÚLTIMA ETAPA

Tras mi visita a Bilbao quedé de buena mañana con mi amigo Beltri en el Puente Colgante para recorrer juntos la última etapa de mi periplo costero. Ésta se iniciaba en Portugalete, a través de cuyo paseo marítimo se llega al puerto y cofradía de pescadores de Santurce. A pesar de su cercanía con Bilbao esta zona era la más desconocida para mí de la costa vasca. El monte Serantes, adonde ascendimos a continuación, con su familiar silueta piramidal y modesta altitud (432 m) constituía *terra incognita* para ambos. La guía ya me había avisado: «el Serantes ha sido machacado». Y no mentía. Se ha quemado en varias ocasiones; le han limado ferozmente las laderas en todas direcciones para construir barrios, le han plantado antenas y emisoras, y el fuerte militar con murallas, fosos y torres de vigilancia construido en su cima para proteger Bilbao contra posibles invasiones se halla ahora en estado ruinoso. Para remate, multitud de pistas lo atraviesan como cicatrices. Y sin embargo, como cualquier cima montañosa, la del Serantes también tiene su encanto y unas vistas espectaculares sobre el Abra de Bilbao y los montes de Triano, esa gran montaña de hierro de la que ya habló Plinio el Viejo en su *Historia natural*. El camino que recorre su dorsal está tachonado de árboles a ambos lados, pero el bosque que más llama la atención es el de grúas del puerto de Bilbao: grúas transtainer, grúas portacontenedores, grúas pórtico, grúas puente…, salpicado todo ello de contenedores, depósitos francos, almacenes frigoríficos, terminales de mercancías, terminales de viajeros, muelles y diques; doscientas ochenta y cinco hectáreas de muelles comerciales ganadas al mar y cubiertas de hormigón. Este paisaje industrial nos acompañó durante la primera parte del recorrido y lo siguió haciendo desde el otro guardián de Bilbao, Punta Lucero, otra modesta elevación (307 m) repleta de cuarteles, fuertes y cañones oxidados.

Se estima que el setenta por ciento de la población mundial vive apiñada en las zonas litorales del planeta, con la consiguiente presión humana y urbanística que ello entraña. En cambio sólo un dos por ciento de las aguas oceánicas del mundo goza de algún tipo de protección. Los seres humanos llevamos demasiado tiempo utilizando el mar como vertedero para todo tipo de residuos, algunos sumamente peligrosos y persistentes. Cada año se arrojan al mar ocho millones de toneladas de plástico que con el tiempo han ido conformando cinco gigantescas manchas o islas de basura que flotan en los llamados *giros oceánicos*: dos en el Atlántico, una al norte y otra al sur; dos en el Pacífico, también al norte y al sur; y otra en el Índico. Se desconoce el tamaño real de la Gran Mancha de Basura del Pacífico Norte, en inglés *Great Pacific garbage patch*, aunque se calcula que abarca entre setecientos mil y quince millones de kilómetros cuadrados (del 0,41 por ciento al 8,1 por ciento del tamaño del océano Pacífico). En cuanto a la mancha de detritos del Atlántico Norte, se cree que tiene cientos de kilómetros de longitud con una densidad de doscientos mil fragmentos de desechos flotantes por kilómetro cuadrado. Toda esa inmensa cantidad de plásticos se va descomponiendo en pequeñas piezas que los animales y las aves toman por alimentos y las ingieren. Se han encontrado aves con el tubo digestivo repleto de mecheros de plástico, por ejemplo, y tortugas y peces muertos por las anillas plásticas que sirven para unir las latas de bebidas o ballenas con el estómago repleto de redes y bolsas. Pero el principal problema del plástico es que, por la acción del sol y de las olas, se va deshaciendo en fragmentos cada vez más pequeños que pasan a la cadena alimentaria de los habitantes del mar y, en última instancia, a nosotros, los humanos.

¿Panorama deprimente? Sin duda alguna, pero las buenas noticias son que hay solución, y al parecer la ha encontrado un chico holandés, nacido en Delft en 1994, llamado Boyan Slat. Boyan, estudiante de ingeniería aeroespacial y amante del buceo, se cansó de encontrar más bolsas de plástico que peces cuando se sumergía en aguas de Grecia. Comenzó a estudiar el problema y dio con una ingeniosa solución que expuso en una TED *Talk* que se hizo viral. A raíz de ella surgieron decenas de miles de personas dispuestas a financiar la operación *The Ocean Cleanup* ('Limpieza del océano'), entre ellas el propio gobierno holandés. Básicamente consiste en la recogida pasiva de los residuos plásticos que flotan en el océano aprovechando las corrientes marinas. Mediante la colocación de barreras flotantes en forma de V, a modo de líneas costeras artificiales, los residuos plásticos quedan atrapados para su posterior reciclaje en plataformas marinas que funcionan por energía solar o en tierra. El producto semiacabado sería vendido a empresas para autofinanciar la operación. En junio de 2016 se instaló el prototipo del proyecto *The Ocean Cleanup* a veintitrés kilómetros de las costas de Scheveningen, Holanda. Si el piloto funciona, en 2020 se instalará en el Pacífico Norte, donde, teóricamente, en diez años se podría limpiar la mitad de la acumulación de basura plástica. Todo un récord si se tiene en cuenta que por procesos naturales el plástico tardaría ochenta mil años en descomponerse.

Además de Boyan, hay motivos de esperanza gracias a

Claire Nouvian, la nueva Rachel Carson, la inspiradora bióloga marina citada al comienzo de este libro. Claire es francesa y autora del libro *Abysses* ('Criaturas abisales'), con el que ha dado a conocer al mundo los seres que pueblan el lugar más desconocido del planeta, los grandes fondos oceánicos. En 2004 Claire fundó BLOOM, asociación para la protección de los ecosistemas marinos y para luchar contra la pesca en aguas profundas mediante redes de arrastre abisales y la sobrepesca en general. Gracias a la labor de asociaciones como BLOOM y a personas como Claire Nouvian, el gobierno francés tiene previsto declarar zonas marinas protegidas el veinte por ciento de las aguas del espacio marítimo de Francia. Hay esperanzas gracias a personas como Enric Sala, biólogo marino catalán residente en Estados Unidos, donde forma parte de la elite de exploradores de *National Geographic*. Enric lidera el proyecto *Mares Prístinos*, que impulsa la creación de áreas marinas protegidas equivalentes a los parques naturales en los continentes. Esta iniciativa ha permitido crear ocho grandes reservas marinas en todo el mundo, que suman 3,25 millones de km^2, en un intento de salvar y proteger los últimos lugares vírgenes del océano. Fruto de sus expediciones es el libro *Pristine Seas: Journeys to the Ocean's Last Wild Places*, prologado por el actor Leonardo DiCaprio, uno de los principales financiadores del proyecto. Y hay esperanza gracias a asociaciones como Ámbar, con sede en el País Vasco y formada por biólogos, veterinarios y oceanógrafos que se dedican con entusiasmo a promocionar el conocimiento y la importancia de la conservación de la fauna marina, especialmente de los cetáceos, convencidos de que sólo se protege lo que se ama. Y por tantas y tantas personas en todo el mundo que aportan su grano de arena reduciendo activamente la producción de residuos.

Desde Punta Lucero descendimos hasta La Arena, quizá la playa más asediada de toda la costa vasca desde que en 1972 se implantó en su retaguardia una refinería de petróleo, que ocupa las marismas del estuario del río Barbadún, el más occidental del País Vasco. Este tramo final coincidía de nuevo con el Camino de Santiago, por lo que volvimos a encontrar peregrinos que enfilaban decididos hacia la ya vecina Cantabria. Nos dirigimos hacia la Punta del Castillo Viejo caminando por el antiguo trazado de un tren minero que transportaba hierro hasta los cargaderos de la costa y convertido ahora en un agradable sendero litoral. Sonó mi teléfono. Mi amiga Macar nos esperaba en la terraza de un bar cercano en Cobarón. ¿Acaso hay mejor manera de concluir un viaje que comiendo en compañía de dos buenos amigos?

EPÍLOGO

> ¿Fronteras? Nunca he visto una. Pero he oído que existen en la mente de algunas personas.
>
> THOR HEYERDAHL
> (Explorador, navegante y biólogo noruego)

Un tiempo después de terminar mi caminata por la costa vasca y mientras acababa de escribir este libro, subí a un avión que me llevó hasta La Coruña. Una vez allí alquilé un coche y conduje hasta el cabo Ortegal. Este cabo es, geográficamente, el límite occidental del golfo de Vizcaya. Su límite septentrional se encuentra en la isla de Ouessant, en Bretaña. Aquí, en Ortegal, confluyen el océano Atlántico y el mar Cantábrico y algunas de las rocas que conforman sus acantilados—anfibolitas—han sido datadas como las más antiguas de la península ibérica. Ése era el lugar dónde había decidido poner fin a mi viaje costero.

Cuando llegué a las proximidades del cabo, dejé el coche en el aparcamiento y caminé hasta el faro. El cielo estaba cubierto de negros nubarrones que amenazaban con descargar en cualquier momento. No se veía un alma, lo cual contribuía a resaltar la solemnidad y la sensación de soledad que emanaba el lugar. Subí los escalones del faro hasta una plataforma para contemplar el paisaje que me rodeaba. Allí enfrente estaban los Aguillons ('aguijones'), tres afilados escollos que ya fueron descritos por Ptolomeo en su *Geografía* en el siglo II y a los que denominó *tri leuko* ('los tres blancos') en alusión quizá al guano que los cubría. Por este cabo pasó el navegante griego Piteas en el siglo III a.C. en su viaje hacia las lejanas tierras del norte de Europa y contempló estos mismos acantilados. Yo los miré tratando de dilucidar cuáles serían esas rocas metamórficas tan antiguas, llamadas anfibolitas. Había leído que se formaron hace mil ciento sesenta millones de años a partir de magma a una gran profundidad bajo el océano y allí permanecieron hasta hace doscientos millones de años, cuando se fracturó Pangea, el continente único que agrupaba toda la tierra firme. Producto de esa fragmentación fue el océano Atlántico y los imponentes acantilados de casi setecientos metros de altura que se extienden desde el cabo Ortegal. Una vez más me faltó la mirada del geólogo. Para mí todo era una masa informe de rocas, estratos y vetas de diferentes tonalidades. Pero no me importó. Todo el paisaje, el lugar entero, desprendía antigüedad y misterio. El profundo silencio acentuaba la sensación de existir.

Miré hacia el este y pensé en los acantilados de Deva y de Zumaya, y me di cuenta de que los perfiles de la costa, como las vidas humanas, son siempre provisionales y cambiantes. Miré el océano. Había mar de fondo; unas suaves olas, a modo de constantes y profundas ondulaciones, surcaban la superficie. Se podía percibir el latido del océano. Su contemplación me transmitió una enorme sensación de calma; como si todo, incluida yo misma, hubiera quedado en suspenso. Y allí, en ese latido, tuve conciencia, como en ningún otro lugar, de las fuerzas elementales de la naturaleza. Una sensación poderosa que todavía perdura si cierro los ojos y evoco el momento. Me llevé la mano al bolsillo y extraje una pequeña piedra blanca que había traído de casa. Tenía un gracioso perfil, con dos entalladuras en el centro y un remate que recordaban la silueta de un violonchelo. Todas las culturas marinas poseen tradiciones de arrojar objetos al mar. Se trata de ofrendas votivas cuyo objetivo podía ser apaciguador o expiatorio. En caso de tormenta se arrojaba cerveza, aceite o sangre por la borda para apaciguar las olas. O se lanzaban monedas, espadas o prendas de vestir para aplacar la tempestad; una pequeña pérdida para prevenir otra mayor. Me acerqué al borde del acantilado y arrojé la piedra al mar en un gesto de puro agradecimiento.

Volví a subir los escalones del faro y me senté en la última grada. Durante un rato no pensé en nada y me dejé mecer por el espíritu del lugar. Luego me vinieron imágenes de mi viaje a pie por la costa. Me acordé de la cordial pareja de madrileños, Javi y Luisa, de quienes me había despedido en la playa de La Arena, ya cerca del final de nuestro recorrido, cuando los volví a encontrar en la terraza de un restaurante, dándose un banquete de despedida. Me acordé de Pablo, el pequeño salvador de caracoles, y de su sonrisa. Y de mi amiga Maite y de su arrobo ante los paisajes de su infancia. Pensé en el anciano peregrino asiático que con tanta determinación se dirigía hacia Finisterre. ¿Dónde se encontraría ahora? Las gradas del faro se fueron poblando de presencias invisibles y amistosas. Convoqué también al profesor de matemáticas, prematuramente jubilado y que caminaba por prescripción médica. Él me había preguntado por qué me gustaba andar sola y entonces yo apenas supe qué responder. Ahora le habría contado que me gusta caminar porque a fuerza de recorrer senderos, casi cualquier sendero, se desarrolla una capacidad de transformar el mundo en un espacio nuevo, sorprendente y maravilloso. Porque al andar por los viejos caminos te alejas de las carreteras asfaltadas por las que se circula a toda velocidad; te alejas de los centros de supuesta producción de riqueza en los que quizá no se acrecienta más que la miseria. Porque con tu tranquilo deambular, con una mochila por todo equipaje, te alejas de los lugares en los que prima el rendimiento, la eficacia y la codicia y te dedicas al puro placer de existir. Porque aprendes a valorar de verdad el sabor del pan y el frescor del agua. Le habría hablado de esa amalgama de aromas que percibí en los puertos de la costa vasca, ese indescriptible «olor a mar» que emana de las redes, las embarcaciones, las cajas de pescado recién desembarcadas y las algas de las escolleras.

Thoreau escribió que no hay que ir a lugares remotos, que lo más próximo puede ser extraordinario. Para él, un territorio de treinta kilómetros cuadrados alcanza para ocupar una vida de minuciosa exploración a pie, ya que uno nunca agotará sus detalles. A una conclusión parecida llega Robert Macfarlane en *Naturaleza virgen*. Macfarlane, que pertenece a esa casta de caminantes para quienes la naturaleza y el prodigio siempre van de la mano, recorrió Gran Bretaña y sus islas en busca de sus lugares más remotos, intactos y poco conocidos. A su vuelta reconoció haber aprendido a apreciar otro tipo de naturaleza a la que antes estaba ciego: «la furia de la vida natural, la mera fuerza de la existencia orgánica, su energía y su caos». Esa clase de naturaleza la descubrió en la flor que asoma en una grieta del pavimento, en la raíz del árbol que rompe el asfalto o en la hierba que crece en una fábrica en ruinas. «Hay tanto por aprender en media hectárea de bosque de la periferia de cualquier ciudad como en la inhóspita cumbre del Ben Hope», escribe. Sentada frente al mar, mientras revivía mi viaje a pie por la costa vasca, emprendido en busca de un olor, descubrí que se había convertido en una tupida red de recuerdos en la que se entremezclaban lecturas, personas, rocas, animales, plantas y, sobre todo, el mar. Y descubrí también que todo lo que yo había tomado por paisajes familiares se me había revelado como puertas que se abrían a mundos sorprendentes e inesperados, como en las novelas de Haruki Murakami, en las que sus personajes cruzan umbrales y hacen incursiones a un mundo surreal y paralelo. Es su forma de alertarnos de que todo lo que nos rodea—lo cotidiano—es en realidad extraordinario.

Cayeron algunas gotas. La lluvia parecía inminente. Miré a lo lejos, al horizonte. El mar seguía latiendo, como un enorme animal tranquilo. En el cielo se abrió un pequeño claro y unos rayos de sol iluminaron levemente su superficie. Durante mi viaje también había coleccionado palabras: nombres de olas, de playas, de rocas, de animales y de plantas... Pero en aquel momento recordé una que me había parecido muy especial. La había aprendido en el extraordinario libro de Barry Lopez *Sueños árticos*, y desde entonces la llevo conmigo apuntada en una libreta, aunque ya he conseguido aprendérmela de memoria. Se trata de la palabra *nuannaarpoq*, que los inuit utilizan para expresar el asombro y la alegría por el hecho de estar vivo, y no tengo noticia de que tenga un equivalente en ningún otro idioma. Cerré los ojos y repetí mentalmente *nuannaarpoq* varias veces. Los volví a abrir. Había empezado a llover con fuerza. Mientras me alejaba para guarecerme en el coche, todo a mi alrededor me pareció profundamente extraño y hermoso. *Nuannaarpooooooooq!*

AGRADECIMIENTOS

Quiero dar las gracias a Juan Pedro Bator, Jordi Ibáñez y David Fernández de Castro por haber leído detenidamente el manuscrito de este libro y aportado sugerencias que lo han hecho mejor.

Gracias a Albert Padrol, que me regaló *The Edge of the Sea*, de Rachel Carson, fuente de inspiración y germen de este libro.

Gracias a Aritz Urruela, mi geólogo de guardia, por haber respondido con paciencia a todas mis consultas sobre la materia. Cualquier error geológico que pudiera contener este libro será fruto exclusivo de mi ignorancia.

Gracias a Menci Azagra por compartir conmigo su sabiduría y entusiasmo por el mundo vegetal y mineral. Caminar y aprender con ella siempre es una experiencia gozosa.

Gracias a Eva Sangiao por haberme regalado *Sendas de Oku*, uno de los libros más bellos sobre el peregrinar.

Gracias a Francisco Javier Beltrán de Heredia por sus magníficas fotografías, su generosidad y por mostrarme algunos de los rincones más bellos y secretos de la costa vasca.

Gracias a Kutxo Ochoa de Eribe Royo por permitirme utilizar sus filmaciones con dron de algunos lugares emblemáticos de la costa vasca para la realización del *booktrailer* de este libro.

Gracias a Soco Romano, directora del Museo Naval de San Sebastián, por la ayuda prestada mientras me documentaba para este libro.

Gracias al personal del Centro de Interpretación Algorri de Zumaya por su amabilidad y por el material didáctico suministrado.

Quiero agradecer a mi editora, Sandra Ollo, la experiencia, consejos y entusiasmo que ha mostrado en la publicación de este libro, agradecimiento que extiendo a todo el equipo de la editorial Acantilado.

Mi profundo agradecimiento a Macar Hernández Zuazo, amiga incondicional, por el refugio que siempre me brinda generosamente en Bilbao.

Y mi profundo agradecimiento también a Maite Torrealdai por su amistad de tantos años, por su hospitalidad y por guiarme por los paisajes de Urdaibai que tanto ama.

Ciertos libros, autores y personas han sido una fuente de inspiración para mí. Los principales se incluyen en la lista de lecturas y páginas web recomendadas.

Y por último, pero de forma especial, gracias a Javier Fernández de Castro, por estar ahí, siempre.

LECTURAS RECOMENDADAS

ALVAREZ, Walter, *Tyrannosaurus rex y el cráter de la muerte*, Barcelona, Crítica, 2009.

ARISTÓTELES, *Historia de los animales*, trad. de José Vara Donado, Madrid, Akal, 1990.

BAROJA, Pío, *Las inquietudes de Shanti Andía*, Madrid, Alianza, 2010.

BASHO, Matsúo, *Sendas de Oku*, trad. de Octavio Paz y Eikichi Hayashiya, Gerona, Atalanta, 2014.

BRYSON, Bill, *Un paseo por el bosque*, trad. de Pablo Álvarez Ellacuría, Barcelona, RBA, 2014.

—, *Una breve historia de casi todo*, trad. de José Manuel Álvarez-Flórez, Barcelona, RBA, 2003.

CARSON, Rachel, *El mar que nos rodea*, trad. de Rubén Landa, Barcelona, Destino, 2007.

—, *The Edge of the Sea*, Nueva York, Houghton Mifflin Company, 1998.

CAYELA FERNÁNDEZ, José G., Francisco Javier López de Lacalle y José Javier Lacalle, *Barlovento. El mar y los vascos entre América y Trafalgar*, Bilbao, Foro Marítimo Vasco, 2006.

CHAUVIREY, Marie France, *La vie d'autrefois en Pays Basque*, Luçon, Éditions Sud-Ouest, 1994.

CORBIN, Alain, *Le territoire du vide. L'Occident et le désir du rivage*, París, Aubier 1988.

DEAKIN, Roger, *Waterlog. A Swimmer's Journey Through Britain*, Londres, Vintage, 2000.

—, *Wildwood. A Journey Through Trees*, Penguin, Londres, 2008.

DŌGEN, Eihei, *Shōbōgenzō. La preciosa visión del Dharma verdadero*, trad. de Dokushō Villalba, Barcelona, Kairós, 2015.

FORTEY, Richard, *La vida, una biografía no autorizada*, trad. de Victoria Laporta Gonzalo, Madrid, Taurus, 1999.

FOWLES, John, *El árbol*, trad. de Pilar Adón, Madrid, Impedimenta, 2015.

GOOLEY, Tristan, *The Natural Explorer. Understanding Your Landscape*, Londres, Sceptre, 2012.

GOVINDA, Anagarika, *La senda de las nubes blancas*, trad. de Marcelo Cohen, Gerona, Atalanta, 2014.

HASKELL, David George, *En un metro de bosque. Un año observando la naturaleza*, trad. de Guillem Usandizaga, Madrid, Turner, 2014.

HOARE, Philip, *El mar interior*, trad. de Joan Eloi Roca, Barcelona, Ático de los libros, 2013.

—, *Leviatán o la ballena*, trad. de Joan Eloi Roca, Barcelona, Ático de los libros, 2010.

HUGO, Victor, *Viaje a los Pirineos y los Alpes*, trad. de José Miguel González Marcén, Barcelona, Alhena Media, 2012.

KUNZIG, Robert, *La exploración del mar. La extraordinaria historia de la oceanografía*, trad. de Joandomènec Ros, Pamplona, Laetoli, 2007.

LE BRETON, David, *Elogio del caminar*, trad. de Hugo Castignani, Madrid, Siruela, 2011.

MACFARLANE, Robert, *Las montañas de la mente. Historia de una fascinación*, trad. de Concha Cardeñoso Sáenz de Miera, Barcelona, Alba, 2005.

—, *Naturaleza virgen*, trad. de Catalina Martínez Muñoz, Barcelona, Alba, 2008.

—, *The Old Ways. A Journey on Foot*, Londres, Viking, 2012.

MANCUSO, Stefano y Alessandra Viola, *Sensibilidad e inteligencia en el mundo vegetal*, trad. de David Paradela López, Barcelona, Galaxia Guternberg, 2015.

MICHELET, Jules, *La Mer*, París, Gallimard, 1983.

SHEPHERD, Nan, *The Living Mountain*, Edimburgo, Canongate, 2008.

SNYDER, Gary, *La práctica de lo salvaje*, trad. de Nacho Fernández y José Luis Regojo, Madrid, Varasek Ediciones, 2016.

THOREAU, Henry David, *Pasear*, trad. de Silvia Komet, Palma de Mallorca, José J. de Olañeta, 1999.

UNSAIN, José Mª, *Balleneros vascos. Imágenes y vestigios de una historia singular*, San Sebastián, Untzi Museoa-Museo Naval, 2012.
— (ed.), *San Sebastián, ciudad marítima*, San Sebastián, Untzi Museoa-Museo Naval, 2008.
ZAJONC, Arthur, *Capturar la luz*, trad. de Francisco López Martín, Gerona, Atalanta, 2015.

Sobre el flysch de Zumaya:

CARBALLO, Javier y Asier Hilario, *Flysch Algorri Mendata. Un viaje a través del tiempo*, San Sebastián, Gipuzkoako Foru Aldundia, 2014.
HILARIO, Asier, *El biotopo del Flysch. Un viaje por la vida y el tiempo*, San Sebastián, Gipuzkoako Foru Aldundia, 2012.

Guía de viaje utilizada:

IZAGIRRE, Ander, *Trekking de la Costa Vasca*, Bilbao, Sua edizioak, 2009.

Páginas web recomendadas:

The Ocean Cleanup: Proyecto de limpieza de los océanos de Boyan Slat, https://www.theoceancleanup.com/
Claire Nouvian, *Bloom Association*, http://www.bloomassociation.org
AMBAR (Ambar Elkartea): Asociación para el estudio y conocimiento de la fauna marina, http://ambarelkartea.org/

ESTA REIMPRESIÓN, QUINTA, DE «LOS SENDEROS DEL MAR», DE MARÍA BELMONTE, SE TERMINÓ DE IMPRIMIR EN CAPELLADES EN EL MES DE ABRIL DEL AÑO 2023

Colección El Acantilado
Últimos títulos

306. ANTOINE COMPAGNON *El demonio de la teoría. Literatura y sentido común*
307. EDUARDO GIL BERA *Esta canalla de literatura. Quince ensayos biográficos sobre Joseph Roth*
308. JORDI PONS *El camino hacia la forma. Goethe, Webern, Balthasar*
309. MARÍA BELMONTE *Peregrinos de la belleza. Viajeros por Italia y Grecia* (10 ediciones)
310. PEDRO OLALLA *Grecia en el aire. Herencias y desafíos de la antigua democracia ateniense vistos desde la Atenas actual* (5 ediciones)
311. AURORA LUQUE *Aquel vivir del mar. El mar en la poesía griega. Antología*
312. JOHN ELIOT GARDINER *La música en el castillo del cielo. Un retrato de Johann Sebastian Bach* (7 ediciones)
313. ISABEL SOLER *El sueño del rey. Viajes y mesianismo en el Renacimiento peninsular*
314. RENÉ GROUSSET *El Conquistador del Mundo. Vida de Gengis Kan*
315. MARC FUMAROLI *Cuando Europa hablaba francés. Extranjeros francófilos en el Siglo de las Luces*
316. G. K. CHESTERTON *Alarmas y digresiones*
317. YURI BORÍSOV *Por el camino de Richter*
318. JOSÉ MARÍA MICÓ *Para entender a Góngora*
319. MARTA LLORENTE *La ciudad: huellas en el espacio habitado*
320. RAMÓN ANDRÉS *Semper dolens. Historia del suicidio en Occidente* (2 ediciones)
321. YANNIS RITSOS *Orestes*
322. MAURICIO WIESENTHAL *Rainer Maria Rilke. (El vidente y lo oculto)* (2 ediciones)
323. FRANCESC SERÉS *La piel de la frontera*

324. SVETLANA ALEKSIÉVICH *El fin del «Homo sovieticus»* (12 ediciones)

325. *Conversaciones con Arthur Schopenhauer. Testimonios sobre la vida y la obra del filósofo pesimista* (2 ediciones)

326. ALBERTO SAVINIO *Contad, hombres, vuestra historia*

327. IMRE KERTÉSZ *La última posada* (2 ediciones)

328. ISABEL SOLER *Miguel de Cervantes: los años de Argel*

329. JOSEP SOLANES *En tierra ajena. Exilio y literatura desde la «Odisea» hasta «Molloy»*

330. *La eternidad de un día. Clásicos del periodismo literario alemán (1823-1934)*

331. FLORENCE DELAY *A mí, señoras mías, me parece. Treinta y un relatos del palacio de Fontainebleau*

332. NIKOLAUS HARNONCOURT *Diálogos sobre Mozart. Reflexiones sobre la actualidad de la música*

333. SIMON LEYS *Breviario de saberes inútiles. Ensayos sobre sabiduría en China y literatura occidental* (3 ediciones)

334. SAINTE-BEUVE *Retratos de mujeres*

335. LISA RANDALL *La materia oscura y los dinosaurios. La sorprendente interconectividad del universo*

336. RAMÓN ANDRÉS *Pensar y no caer* (3 ediciones)

337. PETER BROWN *Por el ojo de una aguja. La riqueza, la caída de Roma y la construcción del cristianismo en Occidente (350-550 d. C.)* (5 ediciones)

338. ALFRED BRENDEL *Sobre la música. Ensayos completos y conferencias* (2 ediciones)

339. REINER STACH *Kafka. Los primeros años; Los años de las decisiones; Los años del conocimiento* (2 ediciones)

340. JEAN-YVES JOUANNAIS *El uso de las ruinas. Retratos obsidionales*

341. KARL JASPERS *Origen y meta de la historia*

342. YAKOV MALKIEL & MARÍA ROSA LIDA *Amor y filología. Correspondencias (1943-1948)*

343. *Glenn Gould. No, no soy en absoluto un excéntrico* (2 ediciones)

344. HELENA ATTLEE *El país donde florece el limonero. La historia de Italia y sus cítricos* (8 ediciones)
345. FRANK DIKÖTTER *La gran hambruna en la China de Mao. Historia de la catástrofe más devastadora de China (1958-1962)*
346. MARÍA BELMONTE *Los senderos del mar. Un viaje a pie* (5 ediciones)
347. CHRISTIAN INGRAO *Creer y destruir. Los intelectuales en la máquina de guerra de las SS* (3 ediciones)
348. ANDRÉ SALMON *La apasionada vida de Modigliani*
349. DANILO KIŠ *Homo poeticus. Ensayos y entrevistas*
350. VASILI RÓZANOV *El apocalipsis de nuestro tiempo*
351. NICOLE LORAUX *Los hijos de Atenea. Ideas atenienses sobre la ciudadanía y la división de sexos*
352. JUAN ANTONIO MASOLIVER RÓDENAS *La negación de la luz*
353. ADAM ZAGAJEWSKI *Asimetría*
354. G. K. CHESTERTON *Ensayos escogidos. Seleccionados por W. H. Auden* (2 ediciones)
355. GIUSEPPE TOMASI DI LAMPEDUSA *Viaje por Europa. Correspondencia (1925-1930)*
356. NUCCIO ORDINE *Clásicos para la vida. Una pequeña biblioteca ideal* (8 ediciones)
357. JAN SWAFFORD *Beethoven. Tormento y triunfo* (4 ediciones)
358. LAURA J. SNYDER *El ojo del observador. Johannes Vermeer, Antoni van Leeuwenhoek y la reinvención de la mirada* (2 ediciones)
359. CHARLES ROSEN *Las fronteras del significado. Tres charlas sobre música*
360. RAFAEL MONEO *La vida de los edificios. La mezquita de Córdoba, la lonja de Sevilla y un carmen en Granada* (4 ediciones)
361. FRANCISCO DE HOLANDA *Diálogos de Roma*
362. YANNIS RITSOS *Agamenón*
363. JOSEP MARIA ESQUIROL *La penúltima bondad. Ensayo sobre la vida humana* (3 ediciones)
364. BERNARD SÈVE *El instrumento musical. Un estudio filosófico*

365. MARCUS DU SAUTOY *Lo que no podemos saber. Exploraciones en la frontera del conocimiento* (3 ediciones)

366. FRIEDRICH SCHILLER *Cartas sobre la educación estética de la humanidad* (3 ediciones)

367. MARIO PRAZ *El pacto con la serpiente. Paralipómenos de «la carne, la muerte y el diablo en la literatura romántica»*

368. DANIEL BARENBOIM & PATRICE CHÉREAU *Diálogos sobre música y teatro: «Tristán e Isolda»*

369. JACK TURNER *Las especias. Historia de una tentación* (5 ediciones)

370. PEDRO OLALLA *De senectute politica. Carta sin respuesta a Cicerón* (2 ediciones)

371. MAURICIO WIESENTHAL *La hispanibundia. Retrato español de familia* (3 ediciones)

372. NICOLA CHIAROMONTE *La paradoja de la historia. Cinco lecturas sobre el progreso: de Stendhal a Pasternak*

373. ALBERTO SAVINIO *Maupassant y «el otro»*

374. CHRISTOPH WOLFF *Mozart en el umbral de su plenitud. Al servicio del emperador (1788-1791)*

375. ZBIGNIEW HERBERT *El rey de las hormigas. Mitología personal*

376. STEFAN ZWEIG & FRIDERIKE ZWEIG *Correspondencia (1912-1942)*

377. TEJU COLE *Cosas conocidas y extrañas. Ensayos*

378. DORIAN ASTOR *Nietzsche. La zozobra del presente*

379. DANTE ALIGHIERI *Comedia* (6 ediciones)

380. PAOLO ZELLINI *Número y «logos»*

381. BRUNO MONSAINGEON *«Mademoiselle». Conversaciones con Nadia Boulanger* (3 ediciones)

382. LUCIANO BERIO *Un recuerdo al futuro*

383. ISABELLE MONS *Lou Andreas-Salomé. Una mujer libre*

384. MARQUÉS DE CUSTINE *Cartas de Rusia*

385. IAN BOSTRIDGE *«Viaje de invierno» de Schubert. Anatomía de una obsesión* (2 ediciones)

386. HANS OST *Rubens y Monteverdi en Mantua. Sobre el «Consejo de los dioses» del castillo de Praga*

387. MARC FUMAROLI *La extraordinaria difusión del arte de la prudencia en Europa. El «Oráculo manual» de Baltasar Gracián entre los siglos* XVII *y* XX

388. ANNA BEER *Armonías y suaves cantos. Las mujeres olvidadas de la música clásica* (2 ediciones)

389. FLORENCE DELAY *Alta costura*

390. ALAIN CORBIN *Historia del silencio. Del Renacimiento a nuestros días* (5 ediciones)

391. HUGH MACDONALD *Música en 1853. La biografía de un año*

392. FRANK DIKÖTTER *La tragedia de la liberación. Una historia de la revolución china (1945-1957)*

393. ADAM ZAGAJEWSKI *Una leve exageración*

394. JUAN ANTONIO MASOLIVER RÓDENAS *Desde mi celda. Memorias*

395. LEV TOLSTÓI *El camino de la vida* (3 ediciones)

396. OSCAR TUSQUETS *Pasando a limpio* (2 ediciones)

397. ROGER SCRUTON *El anillo de la verdad. La sabiduría de «El anillo del Nibelungo», de Richard Wagner*

398. IVO ANDRIĆ *Goya*

399. BERND BRUNNER *Cuando los inviernos eran inviernos. Historia de una estación* (2 ediciones)

400. JOSÉ MARÍA MICÓ *Primeras voluntades*

401. JOSEPH ROTH *Años de hotel. Postales de la Europa de entreguerras* (3 ediciones)

402. SIMON LEYS *Sombras chinescas*

403. UMBERTO PASTI *Perdido en el paraíso*

404. ISRAEL YEHOSHUA SINGER *De un mundo que ya no está*

405. STEFAN ZWEIG *Encuentros con libros* (5 ediciones)

406. MAURICIO WIESENTHAL *Orient-Express. El tren de Europa* (6 ediciones)

407. VÍCTOR GÓMEZ PIN *El honor de los filósofos* (3 ediciones)

408. MARCUS DU SAUTOY *Programados para crear. Cómo está aprendiendo a escribir, pintar y pensar la inteligencia artificial*

409. RAMÓN ANDRÉS *Filosofía y consuelo de la música* (4 ediciones)

410. ANTOINE COMPAGNON *La segunda mano o el trabajo de la cita*

411. RAFAEL ARGULLOL *Las pasiones según Rafael Argullol. Conversaciones con Fèlix Riera*

412. MICHEL DE MONTAIGNE *Diario del viaje a Italia. Por Suiza y Alemania (1580-1581)*

413. STEFAN ZWEIG *Jeremías. Poema dramático en nueve cuadros*

414. STEPHEN WALSH *Debussy: un pintor de sonidos*

415. *«The Paris Review». Entrevistas (1953-2012)* (3 ediciones)

416. IMRE KERTÉSZ *El espectador. Apuntes (1991-2001)*

417. MARÍA BELMONTE *En tierra de Dioniso. Vagabundeos por el norte de Grecia* (4 ediciones)

418. JOSEP MARIA ESQUIROL *Humano, más humano. Una antropología de la herida infinita* (3 ediciones)

419. MANUEL ARROYO-STEPHENS *Mexicana*

420. MANUEL DE SOLÀ-MORALES *Miradas sobre la ciudad*

421. REINER STACH *¿Éste es Kafka? 99 hallazgos*

422. LAURA J. SNYDER *El Club de los desayunos filosóficos. Cuatro notables amigos que transformaron la ciencia y cambiaron el mundo*

423. DONALD MITCHELL *El lenguaje de la música moderna*

424. YURI SLEZKINE *La casa eterna. Saga de la Revolución rusa* (3 ediciones)

425. STEFAN ZWEIG *Diarios* (3 ediciones)

426. MONIKA SZNAJDERMAN *Los falsificadores de pimienta. Una historia familiar*

427. ALESSANDRO BARBERO *Dante* (2 ediciones)

428. MAURICIO WIESENTHAL *El derecho a disentir* (3 ediciones)

429. STEFAN ZWEIG *Biografías*

430. YANNIS RITSOS *Helena*

431. JUAN ANTONIO MASOLIVER RÓDENAS *La plenitud del vacío*

432. FRANCISCO RICO *Una larga lealtad*

433. JESÚS DEL CAMPO *Panfleto de Kronborg*

434. ANTONIO MONEGAL *Como el aire que respiramos*

435. ARTHUR SCHOPENHAUER *Correspondencia escogida (1799-1860)*

436. PEDRO OLALLA *Palabras del Egeo. El mar, la lengua griega y los albores de la civilización* (4 ediciones)
437. MANUEL ASTUR *La aurora cuando surge* (2 ediciones)
438. ANTOINE COMPAGNON *Baudelaire, el irreductible*
439. ISABEL SOLER *Magallanes & Co.* (2 ediciones)
440. NUCCIO ORDINE *Tres coronas para un rey. La empresa de Enrique III y sus misterios*
441. DONALD FRANCIS TOVEY *Beethoven*
442. RICHARD STRAUSS & STEFAN ZWEIG *Correspondencia (1931-1935)*
443. MARÍA STEPÁNOVA *En memoria de la memoria* (2 ediciones)
444. ELISENDA JULIBERT *Hombres fatales. Metamorfosis del deseo masculino en la literatura y el cine* (2 ediciones)
445. BERTA ARES YÁÑEZ *«La leyenda del santo bebedor», legado y testamento de Joseph Roth*
446. NUCCIO ORDINE *Los hombres no son islas. Los clásicos nos ayudan a vivir* (3 ediciones)
447. MANEL OLLÉ *Islas de plata, imperios de seda. Juncos y galeones en los Mares del Sur* (2 ediciones)
448. MARCEL PROUST *Cartas escogidas (1888-1922)* (2 ediciones)
449. RAMÓN ANDRÉS *La bóveda y las voces. Por el camino de Josquin*
450. CHARLES BAUDELAIRE *Escritos sobre arte, literatura y música (1845-1866)*
451. THOMAS SPARR *Grunewald en Oriente. La Jerusalén germanojudía*
452. YURI ANDRUJOVICH *Pequeña enciclopedia de lugares íntimos. Breviario personal de geopoética y cosmopolítica*
453. STEFAN ZWEIG *Tres poetas de sus vidas. Casanova, Stendhal, Tolstói*
454. KARL SCHLÖGEL *Ucrania, encrucijada de culturas. Historia de ocho ciudades*
455. ADAM ZAGAJEWSKI *Verdadera vida*
456. HELENA ATTLEE *El violín de Lev. Una aventura italiana*
457. JOHN GAGE *Color y significado. Arte, ciencia y simbología*
458. MARCUS DU SAUTOY *Para pensar mejor. El arte del atajo*